富永茂樹
Shigeki Tominaga

トクヴィル

現代へのまなざし

岩波新書
1268

アレクシス・ド・トクヴィル(画：テオドール・シャセリオー)

目　次

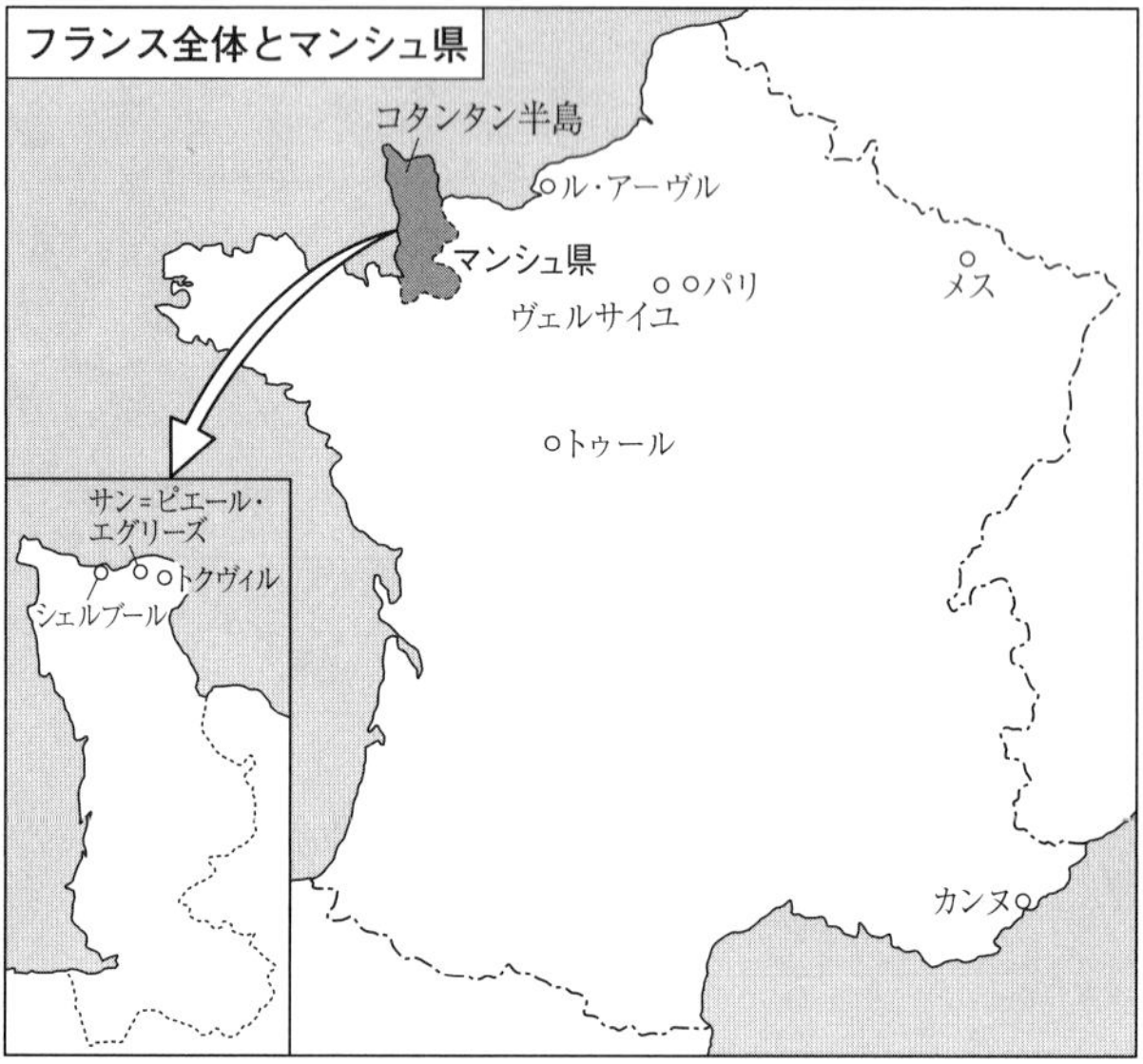

フランス全体とマンシュ県
コタンタン半島
ル・アーヴル
マンシュ県
パリ
ヴェルサイユ
メス
トゥール
カンヌ
サン＝ピエール・
エグリーズ
トクヴィル
シェルブール

序 章

深さの肖像

現在も残っているトクヴィル家の城館

まなざしの先

アレクシス・ド・トクヴィルには彼の姿を描くいくつかの絵画作品が残っています。

そのなかでアンドレ・ジャルダンの手になる伝記をはじめとして、彼をめぐる書物の表紙のデザインにしばしば用いられていて、もっともよく見かけるのはテオドール・シャセリオーの描いた油彩の肖像でしょうか。本書の冒頭をごらんください。これは一八五〇年つまりトクヴィルの亡くなる九年前に制作されたもので、現在ヴェルサイユの美術館に所蔵されています。その次に知られているのは、レオン・ノエルの手になる石版画でしょう。

そのいずれも私は現物を見たことはないのですが、この二点を並べると、トクヴィルが後者ではどちらかというと凡庸な顔つきを示しているようであるのにたいして、前者では四〇歳代の半ばに達しているとは思えないほどの若わかしい表情とともに、とりわけ彼の眼の輝きが見る者の注意を惹き、そのまなざしがどこに向けられているのかたいへん気になるところです。画家を、あるいは作品に対峙する者を正面から見据えているようでありながら、本人からして心もち左のほうを向いているとも思えるトクヴィルの視線は、遠く世界の果てにまで到達しているのではないかとさえ考えたくなってきます。

二〇世紀の終わりから二一世紀のはじめにかけて刊行されたガリマール社のプレイヤード版

の著作集では、その第二巻にノエル、第三巻にはシャセリオーの肖像の一部分が使用されていますが、第一巻にはまだ幼児の頃のトクヴィルの顔が現われます。全体としてはまだあどけない表情を残しているけれども、その眼もまた独特の光を放っているようで、この顔つきを眺めていると、彼のまなざしは終生とおして変わることがなかったのではないかという印象が強まります。

あるいはこの眼の光り具合は、彼が近視であったかもしれないことを想像させます。「政治的に不適切な」いいかたかもしれませんが、近視のかたの眼はふつうの人間のそれよりもずっと美しい。これら三点の肖像に加えてもう一つ、あの風刺画家のオノレ・ドーミエが「政治家さまざま」と題した石版画シリーズのなかでトクヴィルを採りあげています(第四章の扉に出てきます)。

そこには小さな鼻眼鏡を手にした姿があり、「彼がいつも手にしているこの眼鏡のおかげで外交問題を明晰に見ることができますように」という文言が添えられているのがたいへん興味深い。この眼鏡は近視のためのものだったのでしょうか。それともひょっとすると老眼鏡なのでしょうか。

「外交問題」とあることからもわかりますが、これはトクヴィルが一八四九年に外務大臣となった頃の作品です。つまりこのとき彼は四四歳になっています。その年齢で老眼は少し早すぎると思われるかもしれませんが、同じく四四歳で老眼鏡をかけることになった私には、そちらの可能性も否定はできません。そして早くから老眼鏡を必要とする者には、その以前から遠くにあるものがよく見えていたこともわかります。

ただし私のようにふつうの者であるなら、その「遠く」というのは物理的な距離にとどまります。ところがトクヴィルの場合は、視線が一方では大西洋の向こう側にまでとどいて、まだ見ぬ世界へと出発する決心をさせ、他方では自身が生まれる以前に崩壊し消滅してしまっている、アンシァン・レジームつまりフランス革命以前の社会の解剖へとも導きます。空間的ばかりではなく時間的な隔たりをも乗り越えて、なにごとかを見つめるまなざしなのです。

深さの肖像

トクヴィルの眼の光はさらに、ある種の悲哀と諦念を帯びているようにも思えます。石版画の彼の表情を凡庸と形容してしまいましたが、しかしここからも社会にたいする無関心あるいは距離を感じとることができないわけではない。いや、同時代のアメリカの社会とアンシァン・レジームのフランスの社会を詳細に記述し分析した彼が、社会について ただ無関心であったはずはけっしてない。それでもシャセリオーによる肖像の視線は私たちを正面から見据えるのではなく、なにか思案げにいささか左のほうへ流れているのです。

この視線の流れが、主著の『アメリカのデモクラシー』(以下『デモクラシー』と呼びます)や『アンシァン・レジームとフランス革命』(同じく『アンシァン・レジーム』と記します)の文体などから受け取ることのできる、どこか人間と社会の深い部分を見てしまったトクヴィルの悲しみに近い感情を思い出させてしまいます。自身もふくめて「デモクラシー」と彼が名づける社会を生きる人間についての洞察力についてもいうなら、彼のまなざしの向かう「遠さ」には「深さ」も加えるべきなのかもしれません。

「彼の目はどろんとしてもやがかかったような具合で、船室のあかり取りの窓の厚いガラスのようだった。そのガラスは光を通すのであるが、それを通して何も見ることのできないものなのだ。」現実の政治のうえでの敵であると同時に、その根本的な社会観からしても否定すべき対象になるはずのルイ＝ナポレオン・ボナパルト、一八五一年一二月のクーデタのあと第二帝政を樹立しナポレオン三世として即位する人物の眼について、トクヴィルはこんなふうに描いています（『フランス二月革命の日々――トクヴィル回想録』第三部、喜安朗訳、岩波文庫。以下『回想録』と略記します）。

『陰鬱な美青年』や『シルトの岸辺』の小説で知られる、二〇〇七年に亡くなったフランスの作家ジュリアン・グラックがその読書ノート『飾り文字』（一九六七年）でトクヴィルに注目し引用しているのが、ただこの部分だけであるというのがおもしろいのですが、おそらくトクヴィル自身はルイ＝ナポレオンのようなものとはまったくちがう、世界の深い地点まで光が届く眼をもっていたのでした。こうして何点かの彼の肖像を眺めていると、トクヴィルがずいぶんと遠くの世界まで、また世界の深い部分にまで眼を向けることのできた人物であったことを実感させせられます。

それは「深さの肖像」とでも呼べるものです。

この著述家・政治家についてはすでに多くのことが論じられてきました。ダーウィンほどではないかもしれないが、それでも各時代にさまざまなかたちで採りあげられ、今ではやはり一つの「産業」をなしているといってもよいほどです。それらの言説をふまえる必要があるのはいうまでもありません。しかしなによりもまず彼の眼の光からうかがうことのできるトクヴィルの肖像を示してみたいというのが、この本で私の意図していることです。

アレクシス・ド・トクヴィルという人物にどのような深さを見ることができるのか、基本的なイメージをもっていただくために、このあとの各章でお話しすることとのかかわりで、彼がどのような生涯をたどったのかを簡単に見ておくことにします。

家系と生い立ち

トクヴィルの家系は、その先祖がノルマンディー公ウィリアムのいわゆる「ノーマン・コンクウェスト」、つまり一〇六六年にマンシュの海をわたりイングランドを征服したさいに付きしたがったという時代にまで遡ります。六角形をしたフランスからイギリスに向かって突き出したコタンタン半島があり、その先端にあるのがシェルブール、私たちの世代だと映画『シェルブールの雨傘』(一九六三年)で記憶に残っているこの町からバスで十数キロメートル東へ向かうとサン＝ピエール・エグリーズという村があり、そこからさらにかなりの距離を歩くと、トクヴィル家の所領であった同じ名前を冠する村に到着します。村には城館が今でも残っており、彼の胸像も立っています。

アレクシスの父のエルヴェは一七七四年に生まれ、早くに両親を失いますが、知人の助力をえて所領の経営を立て直すとともに、国王の軍隊に入ります。エルヴェが結婚したのはルイーズ・ル・ペルティエ・ド・ロザンボー。ラモワニョン・ド・マルゼルブの孫娘で、マルゼルブには、このあとも何度か登場してもらうことになりますが、日本ではまずは『百科全書』やルソーに理解のあった出版局長として知られ、やがてフランス革命のさいに国王ルイ一六世の裁判で弁護人を引き受ける高級官僚です。

このような経歴が、しかし若い夫婦には大きな障碍となります。一七九三年一月のルイの処刑ののち、弁護人のマルゼルブも同じ運命をたどり、孫娘とその夫も反革命容疑者としてサン＝ラザールの監獄に収監されます。いつ処刑台に引き出されるかもわからない不安な日々を送るうちに、エルヴェの髪はまっ白になったそうです。そして妻は神経に変調をきたし、それは革命ののちも回復することがなかったようです。彼らはテルミドールの政変、九四年七月にロベスピエールらによる恐怖政治が覆されたあと、一〇月になってはじめて釈放されます。そして三男として一八〇五年に生まれたのがアレクシスでした。

アレクシスの母の姉は、この本の第一章に登場する、『アタラ』や『ルネ』その他の作品を書いた一九世紀前半の大作家であるフランソワ＝ルネ・ド・シャトーブリアンの兄と結婚していました。この夫婦も処刑され、両親をなくしたその子どもたちはトクヴィル家に引き取られて育ちます。彼ら、つまり従兄弟たちといっしょに遊んでいたのを、シャトーブリアンはしばしば眼にしていたようです。あの子たちと遊んでいたアレクシスが、かつて自身も訪れた、しかし今ではもはやずいぶんと変わっているにちがいないアメリカへ行って、その旅行記を出したと、彼は感慨深げに『墓の彼方からの回想』のなかに記しています。

アメリカへの旅

アレクシスはある意味でこの姻戚上の叔父のあとを追うようにしてアメリカへわたるのでした。だがこの問題は次章にゆずり、甥の経歴のほうに戻ることにしましょう。彼はフランス革命と第一帝政を経た復古王政下で内務官僚となった父の職歴にしたがってその任地についてゆき、その後パリ大学で法学の勉強を終えて（大学ではフランソワ・ギゾーの『ヨーロッパ文明史』の講義も聴講しています）、二一歳でヴェルサイユの裁判所の判事修習生に任命されます。このとき知りあったのが、やがてともにアメリカ旅行に出かけ、終生の親交を結んで、死後には最初の『著作集』を編纂することになるギュスターヴ・ド・ボーモンです。

トクヴィルがヴェルサイユに任官してまもないうち、一八三〇年には七月革命が出来して復古王政が倒れます。オルレアン家のルイ＝フィリップがはじめた立憲君主政は、正統王朝派に属するトクヴィル家の人びとの認めるところではなく、したがって大きな反対にあうのですが、アレクシスは新しい体制への忠誠を誓います。しかしこうしてはじまった七月王政は、彼にとってはけっして居心地のよいものではなかったようです。おそらくはそんな事情もあって、トクヴィルとボーモンの二人は「合衆国における監獄制度の調査研究」を名目に、かの地へ出かけることを内務大臣に申し出て認められます。

一八三一年の四月にル・アーヴルを出港して翌年三月に戻る、およそ一年近くにわたるアメリカ滞在の成果が、まずは二人の名で出版した『合衆国における監獄制度とそのフランスへの適用について』(一九三三年。ただし、主として執筆したのはボーモンのほうのようですが)であり、いずれトクヴィルの主著となる『アメリカのデモクラシー』の第一巻、そしてボーモンの『マリーあるいは合衆国の奴隷制度』でした(どちらも一八三五年刊)。

「諸条件の平等」とデモクラシー

「合衆国に滞在中、注意を惹かれた新奇な事物の中でも、諸条件の平等ほど私の目を驚かせたものはなかった」と『デモクラシー』は書き起こされます。

この「諸条件の平等」の進行、つまりさまざまな側面で垂直な階層構造をふくんだ社会から、人がみな同じ水準におかれる水平な社会への移行が、著者のいう「デモクラシー」の根本をなしています。

それは公共精神に一定の方向を与え、法律にある傾向を付与する。為政者に新たな準則を課し、被治者に特有の習性をもたらす。／やがて私は、この同じ事実が、政治の習俗や法律を超えてはるかに広範な影響を及ぼし、政府に働きかけるばかりか市民社会をも動かす力をもつことに気づいた。それは世論を創り、感情を生み、慣習を導き、それと無関係に生まれたものにもすべて修正を加える。（『アメリカのデモクラシー』第一巻序文、松本礼二訳、岩波文庫）

「デモクラシー」といえば「民主政」つまりアリストテレス以来の政治学に登場する、社会を構成する全員が主権者である政治形態が思い浮かぶかもしれません。ところがトクヴィルが用いるのはそうした狭い意味ではありません。平等はもっと広く社会や文化のありかた全般に影響をおよぼしています。デモクラシーと対にして使われる「アリストクラシー」も同様に、ふつうは「貴族政」と訳され、かぎられた数の人間が主権を有する政治形態を必ずしもさしてはいません。

このアリストクラシーからデモクラシーへという動きを導く諸条件の平等はまた、次のような性格をともなっています。

諸条件の平等の漸次的進展はそれゆえ神の御業《みわざ》であり、たしかにその主要な特徴がそこには認められる。すなわち、それは普遍的持続的であり、日ごとに人の力で左右しえぬものとなりつつあり、すべての出来事、すべての人々がその進展に奉仕している。（同前）

ヨーロッパはまだこのアリストクラシーからデモクラシーへの移行の途次にあり、トクヴィルが訪れたアメリカでは同じ動きがいっそう進行した段階にある、したがってアメリカの社会と政治をつぶさに観察することは、自分たちの旧世界のゆくすえを考えるうえで重要な手がかりになるのだと彼は考えます。

アメリカ以前から

ただし、アメリカ旅行での発見の成果が彼の主著となったという点については、多少の留保が必要です。たしかにこの本には彼がかの地で見聞きしたことがたくさん登場するのですが、しかし他方でトクヴィルはこの本の出版と前後して、友人に宛てて著書のテーマを簡単に繰り返したあとで、自分はそうしたことを「ほぼ一〇年」も前から考えていた、その確認のためにアメリカへ行ったのであって、監獄制度の調査は一つの口実にすぎなかったと書くのです（ルイ・ド・ケルゴルレー宛て書簡、一八三五年一月）。

出発したときにはまだ本を書くつもりではなかったとも、同じ手紙では語られていますが、それにしても一〇年前という一八二五年、トクヴィルはまだ二〇歳です。「諸条件の平等」という概念それ自体を思いついてはいなかったにしても、世界のいたるところで平等が拡大してゆき、しかもその動きはけっしてあと戻りのきかないものであることを、パリ大学を出るよりも以前から見とおしていたのだとすれば、ここにはやはりトクヴィルの思考の不思議さ、そして深さを認めないわけにはゆきません。

移行期の自覚ゆえの距離感

世界の平等化は、著者によれば七〇〇年も前に遡るものでしたが、しかしまだ完成にまでいたってはいません。この長期にわたる運動をより短い時間で映しだしているのが、両親の経験したフランス革命とその後の歴史です。トクヴィルと家族は歴史の渦中、ある時代からもう一つの時代に向かう移行期にいます。自分が生まれたのは古い社会が革命によって消滅し、しかもそれにつづく確固とした社会が生まれてはいない時期であった、と彼は『デモクラシー』を英語に翻訳したヘンリー・リーヴに書き送ります。「私が生を享《う》けたときアリストクラシーはすでに死に絶えており、デモクラシーはまだ存在していませんでした」(一八三七年三月二二日付け書簡)。

歴史の移行期を生きているという自覚が、さらにもう一つの不思議な感覚をトクヴィルにもたらします。アリストクラシーとデモクラシーの狭間で生まれたからこそ、そのどちらにも愛着をもたないし、またとりわけ後者を憎むこともなく、冷静に眺めていられるのだと同じ手紙で彼は述べます。この「過去と未来とのあいだでの均衡」、対象にたいするある種の距離の保ちかたは、たしかにトクヴィルの著作で大きな役割を果たしています。

旅行者がそれまで滞在していた都市をあとにして近くの丘に登る。そこからは都市で暮らす人びとの姿や、建物、広場などのかたちはもはやはっきりとは見えない。しかし都市全体の輪郭はそれまでよりもずっとはっきりとわかるようになってくる。自分が『デモクラシー』で試みたのはこれに似たようなことだったのだという述懐が、第一巻の終末部分に出てきます。

同じ人物は晩年になって『アンシァン・レジームとフランス革命』の冒頭で、自分たちはフランス革命からかなり遠く離れているので、革命期の人びとの情念をわずかにしか感じ取れない、だが彼らの精神のうちに入り込んでそれを理解できる程度にはまだ近くにいる、と書きます（第一編第一章。以下一─一というふうに略記します）。ここで表明されるトクヴィル自身の革命にたいする位置のとりようは、『デモクラシー』でのアメリカ社会に向けた視線に対応するものです。このあたりからもまた、彼の認識にはある種の深さが一貫しているのを強く感じることができます。

七月王政から二月革命へ

とはいえ、彼の均衡感覚がいつも不動のものであったわけではありません。『デモクラシー』第一巻はたいへんな成功を収め、著者に大きな名声をもたらします。この成功で自信をもったことも関係しているのでしょうが、第二巻の著述をつづけるとともに、一八三七年には父祖の地のある選挙区から下院議員に立候補して、このときは落選しますが二年後に再び出て当選を果たします。またそのかんに道徳・政治科学アカデミーの会員に選ばれ、一八四〇年に『デモクラシー』第二巻を出版し(こちらは第一巻ほどの評判は呼びませんでしたが)、その翌年にはアカデミー・フランセーズの会員ともなります。

こうして彼の世界はいっそう広がるのですが、しかし現実にかかわりがはじまった七月王政期の政治と社会は必ずしも安定したものではありませんでした。工業化が進行し、ブルジョワジーの支配が明白となる社会に、トクヴィルは自身が『デモクラシー』の、とりわけ第二巻で呈示した社会の縮図を見て取ります。国王ルイ＝フィリップのもとでは党派の利害が先立つ政治が継続します。フランス革命によって古い時代から断ち切られた社会は、確実な着地点をなかなか見いだすことができないままに彼の心は揺れ動きます。そうした状況にあって彼のいだく居心地の悪さが、知人・友人に宛てた手紙やのちになって執筆する『回想録』には滲み出ています。

七月王政期の社会の矛盾は一八四八年になって二月革命として噴出します。「一八三〇年」は一七八九年にはじまった革命を終わらせてくれるはずでした。だがそうはならなかった。「われわれが前に進むと、到達点は遠くになり、その輪郭がぼやけてしまうのだった。」議論の対象はことなりますが、彼がその独特の均衡感覚でもって獲得しようとした「輪郭」は眼に見えにくくなってきます。「以前から探し求めているしっかりした陸地」はほんとうに見つかるのだろうか、「永久に海原をさまよい歩く」のが自分たちの運命なのではないか、とトクヴィルは自問します(『回想録』第二部)。

帝政という逆説

革命が遠からぬことを一八四八年一月の議会演説で「予言」していたのはトクヴィル自身でした。彼は翌月に起きた革命ののちも議員として新憲法の制定作業にかかわり、さらに四九年には大統領ルイ＝ナポレオン・ボナパルトのもとで、ごく短期間ですが外務大臣に就任します。老眼なのか近眼なのか、鼻眼鏡を手にした姿をドーミエが石版画で描いたときです。一八五一年の一二月、ルイ＝ナポレオンは一七九九年の伯父の例に倣うかのようにクーデタを試みて成功し、やがていわゆる「第二帝政」を開始します。クーデタのさいにトクヴィルは同僚議員とともに逮捕され、やがて政界を離れて著述に専念し、その結果が一八五六年の『アンシァン・レジームとフランス革命』でした。

『アンシァン・レジーム』の出発点には次のような問題意識があります。どうしてフランスは大革命、つまりデモクラシーの実現を経たにもかかわらず、ナポレオンによる帝政つまりただ一人の人物による専制支配に戻ったのか。これは第二共和政から第二帝政にいたる自身の経験と無関係ではありません。しかし、ここでまたしても不思議なことなのですが、ナポレオンにたいする関心、またこの伯父と甥のそれぞれが体現する「民主的な専制」への関心は、かなり早い時期からトクヴィルの頭のなかにあったことなのでした。

まず、著者が『アンシァン・レジーム』の執筆をはじめるのがクーデタの以前、一八五〇年であったことは、当時の手紙その他から確認できます。また、デモクラシーが専制に帰結するおそれがあるというのは『デモクラシー』第二巻の結末で展開される重要な命題でした。しかも固有名詞は登場しませんが、先に見てきた『デモクラシー』第一巻刊行時の友人宛ての書簡のなか、さらに時間を遡ればアメリカ滞在時に書いた手帳のなかですでに、ボナパルトによる帝政に言及しているのです。アメリカという新世界にたどり着きいろいろなことを経験しているさなかに、ナポレオンに考えをおよぼしているというのが、これまたトクヴィルの不思議なところです。

あるいは逆の方向から眺めるなら、『デモクラシー』を出す一〇年も前、二〇歳の頃からすでに予感していたであろうことを、一八四〇年代の政治体験をとおして、そしてマルクスのいう「ルイ＝ナポレオンのブリュメール一八日」によって、決定的なかたちで知ることになるというトクヴィルの運命こそが、たいへん逆説に富み、深さを湛えたものであったのかもしれません。その意味では彼の「深さの肖像」は、私たち自身がまだその延長線上にいる「近代」という時代そのものの深さを示してくれるものだともいえるでしょう。

フランス革命が帝政へとつながり、デモクラシーから専制が生まれる――そのプロセスを考察するのがトクヴィルのめざしたことでしたが、そのために彼はまず一つの迂回を行います。革命の手で一度は破壊された社会に戻り、そこに秘密の根源を求めようとするのです。アンシァン・レジーム期の社会とは、トクヴィルによれば、絶対君主政のもとで中央集権化と平等化が極度に進行した社会でした。その点では、アンシァン・レジームとフランス革命とは連続している。この連続がさらにナポレオンの登場をうながすきっかけともなったのです。

革命前の社会へ

同時代の革命史家の多くが考えていたのとはちがい、両者のあいだに歴史の切断は存在していないことを、彼は教えてくれます。これはたいへん画期的な発見です。付け加えておくならば、この発見もまた『アンシァン・レジーム』を待ってはじめてなされたものではありません。それはやはり『デモクラシー』の時期にまで遡ります。フランスにおいて社会の平準化を進めたのはほかならぬ絶対君主であったことは、すでに第一巻でも、また一八三六年にジョン・ステュワート・ミルに求められて執筆した論文「一七八九年以前と以後のフランスの社会と政治の状態」でも述べられています。トクヴィルの思考は深いところでどこまでも一貫しているのです。

晩年

『回想録』と『アンシァン・レジーム』の一部分を書く年の春に、著者ははじめて喀血します。この時代、肺結核は不治の病いでした。療養しながら、それでもかなり旺盛につづけた資料収集をふまえて、五六年には『アンシァン・レジーム』が完成します。彼はまだその続編を書くつもりでした。そこではどのようにして革命のなかから専制が生じてくるのかが明らかになるはずでした。しかしその構想はついに実現しないままに終わります。『回想録』はもともと自分自身が読み返すだけのつもりで書いたものであり、その内容からしてもこの時期に刊行の望みはなく、はじめて活字になったのは第二帝政が終焉してずいぶんと経った一八九三年のことでした。

一八五九年の四月、五四歳になる三か月前にトクヴィルは療養先のカンヌで亡くなります。

第1章

憂鬱という淵源

― デモクラシーへの問い，自己への問い ―

オネイダ湖の風景．トクヴィルとともにアメリカを旅したボーモンが描いた

「奇妙な」「特異な」「不思議な」

「奇妙な」という修飾語はトクヴィルが好んで用いる言葉の一つです。たとえば一般に冷静で落ち着いた生活態度を保つアメリカ人が、しばしば不可解な情熱に駆られ急に逆上することがあるのを見て、『アメリカのデモクラシー』の著者はこれを「奇妙な軽はずみ」と名づけています（第二巻第三部第一五章。以下Ⅱ 三-一五というふうに略記します）。

このsingulierという形容詞には「奇妙な」のほかに「特異な」「独特の」などの意味もありますが、突然の逆上や熱狂といった行動様式は、おそらく彼の生まれた国の文化では、あるいは少なくとも彼自身の家庭環境では、考えることのできないものだったのでしょう。この言葉はしたがってまず、旧世界からやってきたトクヴィルが経験したことの新奇さ、それまで予期しなかった、アメリカの社会さらには平等が支配する社会の性格を示すものでした。同じく「奇妙な」とか「不思議な」を意味するétrangeという語もまたよく出てきます。

こうした修飾語はしかし、『デモクラシー』以外のさまざまなテクストのいたるところに見つかるのです。『アンシァン・レジームとフランス革命』の「序言」では、絶対君主政による中央集権化にもかかわらず発達したのは「奇妙な自由」であり、フランス革命そのものが「奇妙な企て」であったとされます。また一八四八年の革命直前のフランスの状況も、そこでは「奇妙な居心地の悪さ」が支配していると、イギリス人の知人に宛てて報告されています。故国とは海で隔てられた場所であれ、まだそれほど遠くなってはいないにせよすでに過去となった時間であれ、さらには彼が現にいる社会であれ、トクヴィルの周囲にはまるで奇妙なことがらばかりが存在しているようです。

いや、そうではなくて、トクヴィルは凡庸な観察者であればきっと見逃していたにちがいない、近代という時代に奇妙としか呼びようのない部分を発見し、それを深い部分で考察するだけの能力を備えていたのでした。その意味で奇妙なという語の多用は、歴史の動きを注視する彼のまなざしの微妙さや複雑さにつながっていると思えます。

奇妙な憂鬱

そんなトクヴィルが発見するいくつもの奇妙な社会事象のうちで、ここでとりわけ注目しておきたいのが、デモクラシーのもとで蔓延する「奇妙な憂鬱 la mélancolie singulière」です。合衆国には「世界でいちばん幸福な境遇にある人たち」がいると彼はいいます。憂鬱という語がふつうはなにものかの喪失や欠如に由来する悲痛なあるいは暗澹とした精神状態をさすとすれば、アメリカ人はそれとちょうど正反対の地点にいるようです。ところが「彼らの表情にはある種の影がいつもさしている」こと、「娯楽に耽っているときでさえ、彼らは深刻でほとんど悲しげ」であることにトクヴィルは注意を向けるのです。

その背景にはなによりもまず、アメリカ人の熱心な物質的な安楽の追求があることが指摘されます。たいへん逆説的で皮肉な、したがってまさに「奇妙な」と呼ぶべきなのですが、「この奇妙な焦燥」をともなった物質的な安楽の追求こそ、憂鬱が生じてくるとはとても考えることのできない「余裕ある静かな暮らし」のなかで、ひとを「生きることへの嫌悪」へと誘うのです(II 二―一三)。それでは豊かな生活を求めることが、どうして憂鬱を生みだすのでしょうか。

野心ゆえの焦燥感

トクヴィルよりずっと以前に『法の精神』(一七四八年)のモンテスキューも、「幸福のさ中にすら自殺をする」イギリス人について語っていました(第一四編第一二章、野田良之他訳、岩波文庫)。ただし、少なからぬことがらを風土=気候で説明しようとするモンテスキューは、ここでも「身体装置の物理的状態」に由来する「ある病気の結果」であると述べるにとどまります。これにたいして、同じ問題を平等の広まった社会状態のなかにおいて、いわば社会学的な視点でとらえようとしているのが、トクヴィルの新しい特徴です。

平等にふくまれる複雑な力学とその結果については、次章で詳しく考えることにしますが、デモクラシーのもとでは物質的な安楽への関心は、人間の野心への刺激と対になっています。社会から特権階級が消滅して、広い範囲で平等が自覚されるようになると、自分の野心を充たすことはだれにでも許される(とだれもが想像する)ようになります。想像による野心はどこまでも増殖し、その持ち主の能力をも超えてゆきます。障壁が外部に存在して、それがますます高くなるというのではなく、野心そのものがそれを充たすだけの人間の能力を超えるものにまで成長します。トクヴィルが奇妙な憂鬱を論じるのと同じ章できわめて的確に述べているように、野心を妨げる限界は「位置よりはむしろ形式を変更した」のです。

物質的安楽の追求は、たえず実現が可能であると見えながら、実はけっして充たされることがありません。さらにここには、これまたデモクラシーに特有の想像力の拡大が付け加わるため、野心は充たされるかのような期待をどこまでもひとの心に残します。幸福はいつも獲得したと思った瞬間に逃げてゆくのですが、野心が充たされなかったにもかかわらず、いや充たされなかったがゆえに焦燥感はいっそうつのることになる。このような焦燥と挫折のたえまない繰り返しこそが奇妙な憂鬱を発生させるのでした。

自殺と狂気

第一巻が合衆国のデモクラシーの記述と分析を中心においているのとくらべると、『デモクラシー』の第二巻ではむしろアメリカとフランスの比較に関心の向かうことが多くなります。この章でもトクヴィルはデモクラシーに特有の生への嫌悪感がフランスでは自殺を増加させている他方で、アメリカでは宗教の影響が大きいのでしょうが狂気が多く見られるといい、両者はいずれも「同じ病気の異なる兆候」にほかならないとします。

彼がこうしたことを書くときに、どのような資料に依拠していたのか、正確なことはわかっていません。今しがた「狂気」という訳語を当てた元の言葉はdémenceです。英語訳ではinsanityなどの言葉が採用され、岩波文庫の松本訳でも「精神異常」となっていますが、ふつうは「痴呆」と訳されます(いや、当今では「認知症」といわれているようですが)。近代的な精神医学の創始者であるフィリップ・ピネルやその弟子エチエンヌ・エスキロルの行った分類でも、痴呆はメランコリー＝憂鬱と区別できる別のカテゴリーに属しています。弟子のほうは師がメランコリーと呼んでいたものをリペマニーと改称します。

エスキロルの『医学、衛生学および法医学との関連で考察した精神病について』が出版されるのが一八三八年、つまりトクヴィルが『デモクラシー』の第二巻を準備していたのと同じ時期です。この書に収められたのは一八二〇年代から書きつがれていた論文であり、トクヴィルがそれらに眼をとおした可能性は否定できません。ただし科学的でないとして呼び名が変更され、その後の医学の世界からはしだいに姿を消してゆく、まさにそのメランコリーという言葉を、トクヴィルは用いているのだということに注意しておいてもよいでしょう。

エスキロルによればまた、アメリカでは他国にくらべて狂気がむしろ少ないとされ、奇妙な憂鬱が狂気につながるとするトクヴィルがどこからどのような知識をえたのかも不分明なままです。フランスにおける自殺については、司法省による犯罪統計は一八二七年に開始されたばかりで、まだ確実なことのいえる段階にはありませんでした。それでも自殺が増加しつつあるという認識は当時の社会のかなり広い範囲で共有されていたようです。

「もっとも暗い憂鬱」

ここでやっとこの章の本題に入るのですが、このように平等のもとでの、安楽な日常生活のさなかに奇妙な憂鬱を発見するトクヴィルは、実は自身もまたその生涯をつうじて内面で憂鬱な感情をいだきつづけていたのでした。彼は友人や知人に宛てた書簡のなかで、自分には「憂鬱な気質」のあることをしばしば語っています。最晩年になってついになされる告白によれば、その発端はアレクシスが一六歳のとき、モゼール県の知事となってメスに赴任していた父の図書室でのことでした。

図書室でどんな本を読んだのか、具体的な書名まではわかりませんが、「ヴォルテールとルソーの全集の読書」だったことは確認できます(フランシスク・ド・コルセル宛て書簡、一八五三年九月一七日付け)。一八世紀の啓蒙哲学に出会った彼は、それまで確信をもって生活していた世界にたいする「普遍的な疑い」に突然とらわれてしまいます。そして建物の床や壁、天井がぐらぐらと揺れるような「地震にあった者が語る感覚」を経験して「生にたいする極度の嫌悪感」をいだくようになりました。この日彼が経験したのは「もっとも暗い憂鬱」でした(スヴェッチンヌ夫人宛て書簡、一八五七年二月二六日付け)。

古代ギリシアのヒポクラテス以来の医学によれば、人間の体内には四種類の体液が存在していて、その不均衡によって病気が生じます。四つの体液とは血液、粘液、胆汁そして「黒胆汁」です。脾臓から出るとされるこの黒い胆汁が体内でふえてくると、ひとは憂鬱症に陥るのだと考えられていました。メランコリーの語源そのものが「メラノス＝黒い」と「コレア＝胆汁」です。今しがた「もっとも暗い憂鬱」と訳しましたが、原文では「黒い noire」という言葉が用いられているので、それこそまっ黒な憂鬱が一六歳の少年の心には到来したのです。

トクヴィルが地震という言葉を使っているのも無視できません。アルプスよりも北のフランスでは地震は起きません。ただ、一七五五年にはイベリア半島の西端のリスボンで大地震がありました。一説によると死亡者が二万人にものぼったとされ、このときに倒壊した教会が二五〇年を経た現在もなお廃墟のままに残っているほどの地震について、それから五〇年後に生まれたトクヴィルは周囲から多くのことを聞かされていたのでしょうか。

地震は当時支配的になりつつあった啓蒙哲学にも大きな影響をおよぼしました。たとえばアレクシスが父の図書室で読んだヴォルテールは、地震に衝撃を受けてそれまでの調和的な世界観に疑いをいだくにいたり、衝撃と疑念を詩でもって表現し、さらには小説『カンディード』（一七五九年）のなかで主人公にこのときの地震を経験させています。

心の焦燥

スヴェッチンヌ夫人に宛てた手紙ほどには知られていませんが、一六歳のおりの経験はアメリカから友人に向けて出した手紙のなかでも、「魂の痛ましい状態」におかれた、「私の人生のうちでもっとも不幸な時期」として語られています（シャルル・ストッフェルズ宛て書簡、一八三一年一〇月二二日付け)。またそのたった四日前には、この手紙の相手の兄にたいしてフィラデルフィアから次のように書き送ります。

この世界を旅すればするほどに、なにか意味のあるのは幸福な家庭生活だけでしかないと考えるようになった。〔……〕それで充分なはずだと私の理性は命じる。しかし情念がそれを否定するのだ。動揺し、彷徨《さまよ》っていると、内面の静穏が私の想像力を惹きつける。しかしふだんの生活に戻ると、画一的な生活には死にそうになる。説明しがたい心の焦燥にとらわれているのを感じるのだ。(ウジェーヌ・ストッフェルズ宛て書簡、一八三一年一〇月一八日付け。傍点は富永)

情念が理性の命じるところを否定して「説明しがたい心の焦燥」を呼ぶというあたりからは、トクヴィルの憂鬱がデモクラシーのもとでの「奇妙な憂鬱」と共通した性格をもつものであったことがわかります。結局のところ「世界のなかで私自身ほど私の知らないものはない。私はたえず私にとって解決しがたい問題なのだ」というのがこの手紙での結論でした。トクヴィル自身が「奇妙な」存在にほかならないのです。この「私にとって解決しがたい問題」という表現は、五世紀のアウグスティヌスの『告白』のなかに「私は私にとって問題となった」とあるのを思い起こさせ、そこにもトクヴィルの深さを感じ取ることができます。

「居心地の悪さ」の正体

それにしても、故国を離れ未知の国アメリカへやってきて「奇妙な」ことがらをいくつも見聞きするさなかで、一〇年前の記憶がよみがえってくるというのはどういうことなのでしょうか。彼がもち歩いていた手帳には「人間の悲惨を分類しなくてはならないとすれば、私は次のような順序にするだろう。一、病い。二、死。三、懐疑」といった記述も見あたります。いや、遠いところまできているからこそ、過去の不幸に思いをいたしたのであるともいえます。ふだんならめったに書かない日記や手紙を、旅の宿の一室で書くという経験は、みなさんにもあるかもしれません。

一八三一年一〇月にフィラデルフィアで書いた手紙から、晩年のスヴェッチンヌ夫人に宛てた告白までのあいだ、一六歳のときの経験が直接語られることはありません。しかし憂鬱は生涯をつうじて、少なくとも間歇的《かんけつ》にはトクヴィルの心に現われていたようです。たとえば『デモクラシー』第二巻が完成に近づいた頃、ボーモンに宛てた書簡には自身の「治療しがたい病気」についての言及が見つかります(一八三九年八月四日付け)。「憂鬱でまっ暗な」気分は彼の生涯をとおしてつづくのでした(ルイ・ド・ケルゴルレー宛て書簡、一八四二年一〇月二五日付け)。

「序章」でふれましたが、トクヴィルは七月王政期の社会に居心地の悪さを感知していました。一八四七年の夏のこの国には「奇妙な居心地の悪さ」が存在しているとイギリスの知人に伝えています（ナッソー・シニアー宛て書簡、一八四七年八月二五日付け）。また二月革命がはじまったのち、民衆を支配していたのは「ねたみに由来する民主主義的な不満〔＝居心地の悪さ〕」なのでした（『回想録』第二部）。自身の存在について居心地の悪さを認める彼は、自身が生きる社会にも同じものを見いだし、両方が重なることによってますます居心地が悪くなるのを感じているかのようです。

J・S・ミルの「精神の危機」

ここで偶然の一致、しかしたいへん重要な一致を見ておきたいのですが、『デモクラシー』の第一巻と第二巻それぞれについて長い書評論文を書き、その後も著者と交友関係をつづけるJ・S・ミルもまた一八二六年から二七年にかけて「憂鬱な冬の重く乾いた落胆」がもたらす「精神の危機」を経験していました。幼い頃から父の英才教育を受けて育ち、一五歳には早くもベンサムの影響のもとで「世界の改革者」になる決心をしていたこの功利主義者は、やがて数年たって突然に人生の目標を見失います。

「わが人生の基礎を支えてきた土台が崩れたのだ。私の幸福はすべて、この目標をたえず追求することによって手に入るはずだった。だがその目標が魅力を失ってしまったのだ。〔……〕生きるための目標はすべて消え去ったように思われた」と『自伝』のなかにはあります（光永雅明訳、小林道夫他編『哲学を読む――考える愉しみのために』人文書院、二〇〇〇年）。ミルの憂鬱はトクヴィルの場合にくらべるとごく短期間のうちに回復し、再び現われることはありません。それぞれの経験した憂鬱が語られることも、少なくとも二人の交わした書簡では確認できません。それでも、彼らがほぼ同年齢で憂鬱に出会ったことは、思想史では大きな意味がないわけではありません。

ミルの精神の危機について、今日ではいくつもの立場からさまざまな解釈がなされていますが、ここではふれないでおきます。大切なのは、彼がこの憂鬱の体験とそれにつづくワーズワースやコウルリッジの詩をとおしたロマン主義との出会いのあとで、功利主義にたいする態度を変更しそれを批判的に受け止めることになるという点です――「ベンサムはどんな落胆もどんな心の重さも知らなかった。彼は人生を苦痛だとも退屈な重荷だともけっして感じはしなかった」(「ベンサム」一八三八年)。トクヴィルとミルはともに、一九世紀の初頭に前世紀以来の合理的な思考に直面して憂鬱を経験することで、それぞれの政治哲学を深めることになったのだといえるでしょう。

シャトーブリアンの「曖昧な情念」

社会の憂鬱や居心地の悪さと照応しあうトクヴィルの内面は、彼の姻戚上の叔父であるシャトーブリアンの心につながるものでもあったことが、私たちにとっては興味深いところです。「序章」で少しふれたシャトーブリアンは、フランス革命がはじまってまもない頃、アメリカ大陸にわたります。その後ヨーロッパに戻り反革命貴族の軍隊に加わりますが、戦いに敗れてロンドンに亡命し、帰国するのは兄夫婦たちが処刑され、さらに母や姉も亡くなったあとの一八〇〇年。二年後には『キリスト教の精髄』という大きな本を出版しますが、そのなかに「曖昧な情念」と題した短い一章があります。

曖昧な情念とは、著者によれば、文明の進展とともにひとの心のなかで増大する「目的も対象もなく、自身にのみ向けられる」ものです。それはしたがって充たされることはけっしてなく、とりわけこれにとらわれた若者のうちには絶望と悲しみが広まるばかりです。シャトーブリアンの念頭には、ルソーの作品(たとえば『新エロイーズ』)の登場人物、またゲーテの描いたヴェルテルがあるようです。このような当時の青年心理を例示するために『キリスト教の精髄』には『ルネ』と題する小説が挿入されていました。

主人公はふつふつと湧いてくるが、どこにも向けようのない情念に耐えることができず、いつも憂鬱な気分に悩まされています。ヨーロッパの各地を放浪してみてもこの気分が解消することはありません。アメリカにわたり先住民族のあいだで暮らすことになりますが、それでも憂鬱から脱け出すことができずにいます。ルネの憂鬱にはアメリカ大陸の原生林のうっそうとした風景が重なります。

『ルネ』は実はたんなる創作ではなかったのです。シャトーブリアンもまた若い頃には同じ

「曖昧な情念」に苦しんでおり、それがこの作品に反映していることを付け加えておかなければなりません。シャトーブリアンが後半生に書きついだ『墓の彼方からの回想』には次のような記述があります。「この錯乱はまる二年のあいだつづき、そのかんに私の魂の能力は昂揚の最高点にまで達した。ほとんど語らず、もはやなにも語らなくなった。〔……〕孤独への好みがつのった。荒々しい情念のあらゆる状態が現われた。」ルネの悩みは作者自身の悩みでもありました。

前にふれた家庭の事情からして、トクヴィルが叔父の作品を読んでいなかったはずがありません。いや、それどころか『デモクラシー』の「奇妙な憂鬱」を論じたのとは別の箇所ですが、バイロンの小説の主人公などと並べてルネに言及し、彼らは「人間の心のなお暗がりにある部分に光を当て、拡大しようと欲した」のであるとさえ述べています(Ⅱ 一-一七)。青年期に同様の経験をした叔父と甥とは、心は深いところでつながっているのです。さらにはアメリカでの奇妙な憂鬱の発見自体が、シャトーブリアンとの親和性に導かれてのことなのでした。

「世紀病」から『自殺論』へ

発見はどのようにしてなされたのか、それを見るよりも前にふれておきたいことがあります。シャトーブリアン自身の経験をふまえて大著に付け足した小説は、しかし著者の意図とは逆に読者の強い共感を呼び、これに次いで現われるセナンクールの『オーベルマン』(一八〇四年)やコンスタンの『アドルフ』(一八一六年)などとともに、「世紀病」という名の不安定な精神状態が当時の青年のあいだで流行します。また他方で、シャトーブリアンおよびルネを悩ませた曖昧な情念は、一九世紀の精神医学者や統計学者たちの注目を受けることにもなりました。

たとえば『ヒポコンデリーと自殺について』（一八二二年）を著した精神医学者のＪ＝Ｐ・ファルレにとって、ルネの物語に見られる病いは「生への苦痛にともなう憂鬱の原因」であるとともに自殺の一因でもありました。また自殺と狂気をめぐる古典的な著作のなかで、シャトーブリアンの主人公に「抑制を失った想像力、不明の目的に向かう無限の欲望をともなった、熱烈かつ不安、しかも荒廃した魂」を見いだすのは、これまた精神医学者のブリエール・ド・ボワモンです。しかも病いはもはや文学に登場する個人の域を出ていると見る彼は、「デモクラシーの到来」に自殺の原因を求めます（『自殺および自殺につながる狂気について』一八六三年）。

これにはさらに「狂気は〔……〕今日の社会的・政治的諸制度があらゆる熱望、あらゆる欲望、あらゆる野心にたいしてもたらした自由な発展の結果」であるとして、想像力にかぎらずいっそう広い社会のなかに広がっているという認識がつづきます（アルフレッド・ルゴワ『過去と近代の自殺――哲学的・道徳的・統計学的考察』一八八一年）。こうして曖昧な情念への注目は、やがて一九世紀が終わろうとする頃、フランス社会学の創始者とされるエミール・デュルケームの『自殺論』（一八九七年）へと受け継がれてゆきます。

自殺はデュルケームによれば、生への意欲の減退と同様に欲望の過度の成長とも関係しています。前者は個人の社会からの完全な離脱(エゴイズム)から生じますが、後者は社会的な拘束の弱体化が惹き起こした想像力と欲望の肥大を反映しています。このように欲望の無規制な状態を社会学者は「アノミー」と名づけます。個人が社会から離脱するのと個人の欲望が肥大化するというのは、それぞれ正反対のものであるように見えます。しかしどちらも社会的紐帯の弛緩からもたらされた点では共通しており、これらは「同じ社会的状態の二つの異なった側面」を構成していると社会学者はいいます(『自殺論』宮嶋喬訳、中公文庫)。

「アノミー」の観念

いつもは文学や芸術にあまり関心がないデュルケームですが、エゴイズムに起因する「自己本位的自殺」と、アノミーにかかわる「アノミー的自殺」の対照を明らかにするため、めずらしく文学作品を例に引いています。たとえばラマルティーヌの『ラファエル』の主人公――「行動への活力を弱める憂鬱なもの思わしさ」で特徴づけられる――とはちがい、シャトーブリアンの描いたルネの憂鬱には「多少の苛立ちをまじえた生への嫌悪感」がともなっているのですが、社会学者はいいます。ラファエルとルネはともに「同じ無限の病い」を患っているのですが、前者の内面を支配しているのは過度に肥大した知性であるのにたいして、後者の心を決定づけているのはむしろ限度を知らない感性ないし情念です。

エスキロルをはじめとして、今しがた名前をあげた精神医学者たちを参照しながら、『ルネ』にまで言及して「アノミー的自殺」の概念を提起したとき、デュルケームはトクヴィルが奇妙な自殺について語っているのを知っていたのではないかと思いたくなります。『社会分業論』(一八九三年)の序文にごく短い、しかもいきがかりで行ったにすぎないような『デモクラシー』への言及があるので、彼が少なくとも一度はトクヴィルの著作に眼をとおしていたことはたしかです。この一九世紀末の社会学者はしかし、とりわけ自身が重要な発想をえた原典についてはなにも引用しないことが多いので、彼がどれだけ熱心にトクヴィルを読んでいたのかについて確定的なことはいえません。

トクヴィルとデュルケームのあいだ

ともあれトクヴィルはデモクラシーにおける奇妙な憂鬱に注目することで、きわめて大きな発見を行っているのでした。のちの社会学で近代社会の病理として指摘されることがらについて、トクヴィルが五〇年以上も早くから注目していたことはたいへん重要です。彼が「社会学者」として認知されるにはレイモン・アロンを待たなくてはなりませんが(『社会学的思考の流れ』北川他訳、法政大学出版局、一九七四年)、ここにトクヴィルの炯眼《けいがん》を感じとることはできます。

叔父に導かれて

「アレクシス・ド・トクヴィルは文明化したアメリカを廻ってきたが、私の訪れたのはその森であった」という感想がシャトーブリアンの『墓の彼方からの回想』にあります。このときすでに年老いた作家は、一八二七年に著作集の一巻として出した自身の『アメリカ旅行記』でも「合衆国を再訪しても、もはやそれとはわからないだろう。私の訪れた森のあとには畑が耕されているのだろう」と述懐していましたが、トクヴィルとの世代のちがいを強調したがっているようです。甥の旅行は叔父の想像の範囲を超えるものでもあったのでしょう。

それでもすでにふれたとおり、一八三〇年代にトクヴィルはただ「文明化したアメリカ」だけではなく、まだ残されている未開の荒野へもその足を向けています。しかもそれはシャトーブリアンを念頭において、とりわけルネないしその作者の憂鬱の経験に導かれてのことなのでした。荒野の旅を記録したエッセイである「荒野の一五日間」には、自分たちが「シャトーブリアン氏やクーパーの思い出を胸いっぱいにして」出発したとあります。『最後のモヒカン族』(一八二六年)などの小説を書いたフェニモア・クーパーも、当時ヨーロッパで広く読まれた作家です。

オネイダ湖への旅

新大陸に着地してようやく二か月近くを経た一八三一年七月に出発する旅は、トクヴィルと同伴者のボーモンにとってまずは期待どおりのものであったようです。荒野での一五日間に入る直前に、彼らはオネイダという名前の湖を訪れ、そのおりの経験を「オネイダ湖への旅」という題の、短いけれども美しい文章のなかで書いています。

ニューヨークを発ってハドソン河を遡るとオールバニーという町に到着します。そのオールバニーから西方へ向かうと、五大湖のひとつであるエリー湖の岸の町バファローにいたるまでは、すでにずいぶんと人間の手が入っていて、トクヴィル自身も「今日荒野に出会うことは、ひとが思っている以上にむずかしい」と「荒野の一五日間」で記すくらいですが、それでも深く暗い森もまだ残ってはいます。

「あらゆる樹齢の樹木、あらゆる色彩の葉、何千種もの草、果実や花が同じ場所で交じりあい絡みあって」いる新世界の森には、「孤独の静かな喜び」が感じ取れるとともに、「陰鬱で野生的な荘厳さが想像力をとらえ、魂をある種の宗教感情で充たして」くれます。シャトーブリアンが作品のなかで描き、トクヴィルもふくめ当時の多くの読者の関心を惹いた風景に、今彼らは立ち会っているのです。甥は叔父の経験を素朴になぞり、あるいは反復して記述しているようです。そんな森のなか、行路のちょうど中間地点のあたりに小さな湖があります。それが現在のニューヨーク州中部に位置するオネイダ湖です。

ところで、トクヴィルが旅の途次でわざわざこの湖に足を向けたのには、一つ大きな理由がありました。ドイツの女性作家が『オネイダ湖の幻影』という小説を書き、それがフランス語で児童向けに書き換えられた作品を、彼は以前に読んでいました。それはフランス革命の喧騒を逃れて、妻とともにアメリカにわたり、オネイダ湖に浮かぶ島に住居をかまえた、若いフランス人の貴族の物語でした。アンドレ・ジャルダンの『トクヴィル伝』（大津真作訳、晶文社、一九九四年）によると、この本の予約リストにはアレクシスの長兄イポリットの名前が残っているそうです。「彼ら〔湖の島に定着したフランス人夫婦〕の孤独の静穏な喜びを私はいくたび羨んだことだろうか」とトクヴィルは書き記しています（「オネイダ湖への旅」）。

このフランス人は実は、トクヴィルが書物で読んだとおりの人物ではありませんでした。名門の出身にはちがいなかった、ヴァティーヌという名の貴族がフランスを出国したのは、革命よりも少し以前のこと、それも破産して領地を売り払い、新世界で大もうけをしようともくろんで大西洋をわたったのでした。アメリカでも成功することはなく、オネイダ湖の島で土地の開墾をしますが、結局一七九〇年代後半の総裁政府期には本国へ戻ってしまっています。物語はこの人物をモデルにしてはいますが、極端に美化して書かれており、トクヴィルはそういう事情を知りません。

文明の廃墟と自然の力

湖のほとりには一軒の漁師の家がありました。その漁師の妻に尋ねてみると、たしかにそういうフランス人が住んでいたという話は聞いている、しかし妻を亡くしたあとフランス人はどこかへ去ってしまい、自分たちがここに定住したときにはもういなかったという答えが返ってきます。小舟を見つけたトクヴィルとボーモンはすぐさま「フランス人の島」へと漕ぎだします。やっとのことでたどり着いた島は樹々や草におおいつくされていて、最初はなにも見つかりません。一時間ばかりあちらこちらを探し回ったあとで、たしかにひとの住んだ痕跡がありました。枯れかけた林檎の樹や葡萄の株が見つかります。その近くにはフランス人の住んでいた家屋の一部だと思われる廃材もありました。

林檎や葡萄というのは栽培植物なので、ひとがそこへもち込んだことは明らかです。それが朽ち果てたうえには原生の植物がおおいかぶさるように繁殖してきています。つまり、いったん人間が自然のなかにもたらした「文明」が結局のところは滅び、そこに自然が回復してきた廃墟がここにはあります。文明の脆弱とそれを凌駕する自然の力を感知させる廃墟は、一八世紀の美的趣味にとって大きな主題でした。ユベール・ロベールをはじめとする画家たちが古代ローマの崩れた建築物の風景を描き、それを哲学者のディドロが絶讃する。そんな美学をシャトーブリアンも受け継いでおり、イタリアの廃墟を実際に見るとともに小説のなかでもルネに訪れさせてもいます。

感傷とその変貌

トクヴィルはこの廃墟となった島に佇《たたず》み、かつてそこに住まっていたフランス人の運命、さらにやがては彼らから孤独な、しかし幸福な生活を奪った死についても思いをはせながら帰路につきます。「何年ものあいだ二人の亡命者をヨーロッパの弾丸と未開人の矢から守ったが、しかし死の眼に見えない一撃からかくまうことができなかった、この大きな緑の草木の城砦から離れるのは、後悔をともなわぬことではなかった。」四〇年前の島の住人の事実を知らないトクヴィルにとって、オネイダ湖への旅はたいへん感慨深いものとなりました。「この行程はアメリカへきて以来ばかりでなく、旅行をはじめて以来もっとも鮮烈に興味をおぼえ感動するものである」と、彼はこの地を訪れた当日の手帳に記します。

以前から関心をいだいていた場所に現に立つことにはある種の感傷がともないます。これはだれしもが経験することです。それこそ私も、フランスでの生活をはじめてわずか二、三週間にもならない頃に、汽車とバスと徒歩でトクヴィルの村まで出かけ、城館を訪問したのは今でも忘れることができません。しかし思いのつきまとう場所へきて感傷にふけるだけに終わらないのが、トクヴィルの不思議なところです。アメリカから戻り『デモクラシー』を執筆する過程で、トクヴィルの記憶のなかのオネイダ湖への旅はまったく別のものに変貌するのです。

移動へと駆られる社会

『デモクラシー』でしばしば論じられる主題の一つはアメリカ人の移動の激しさです。彼らの父祖は宗教上の理由でイギリスを離れてこの地に到着して、まずはやがてニュー・イングランドと呼ばれることになる土地に落ち着きました。その後も旧大陸からの入植者はたえません。ところでこうして海をわたってきた人びとは同じところに定着するのではなく、しばらくするとまたしても別の場所へと移動をはじめます。

一一月になりフィラデルフィアに戻ったとき、ある人物からそういう話を聞いたことが手帳に記されていますが、その情報は『デモクラシー』の記述でも活かされます。「ヨーロッパの茅屋《ぼうおく》を捨てた人々は大西洋沿岸に住み、この沿岸地域に生まれたアメリカ人がアメリカ中央部の未開地に引き寄せられる」という、「二重の人口移動」がこの国ではつづいている(I 二-九)。このようにいうトクヴィルは、のちにフロンティア精神の名でもって彼らをついに太平洋岸にまで導く動きの開始に立ち会っているのです。

空間のうえでの移動に加えて、いわゆる社会移動も頻繁になります。アメリカ人は一生のうちに一〇回もその職業を変えるのだと、友人に宛てた手紙のなかに報告があります(エルネスト・ド・シャブロール宛て、一八三一年六月一〇日付け)。この話は『デモクラシー』でも繰り返されますが(I 二-一〇)、なんども職業を変えるのは、アメリカ人がたえずよりよい生活を求めているからです。彼らを移動へと突き動かしているのは、先に見てきた奇妙な憂鬱の背景にあるのと同質の情念です。平等な社会では幸福を充足する機会はだれにも与えられていますが、しかしその幸福が手に入ることはめったにありません。この挫折は彼らをさらに移動へと駆りたてることでしょう。

デモクラシーの「究極の限界」

ひとが移動をつづけるところには「生地につながる紐帯」は存在しません。紐帯の不在、ひとが原子となってばらばらに生活する状態は、デモクラシーの社会に固有のものです。アメリカ人の移動が向かう西部では、したがって「デモクラシーがその究極の限界にまで達する」のを見ることができます。そこには「住民はすでにいるが、社会はまだ存在しない」(I 一-三)。まだ存在しないということは、これから生まれてくるということを示唆しているようですが、「究極の限界」にまで達しているというのですから、これ以上になにものかが生まれてくる可能性はないのだと読み取ることもできます。

今日この国で荒野に出会うのは困難であると彼が「荒野の一五日間」で書いたのも、おそらくこうした事情に関係しています。ヨーロッパの人間がその魅力にとりつかれている荒野に、アメリカ人はほとんど興味をもっていない。荒野を「一人で進み、沼を干拓し、河川を整備し、未踏の地に居住地を開き、自然を征服していく」のがアメリカ人の描く自画像です(II 一-一七)。ここからはしかし、「ときには人の動きが速すぎて、人の通った跡がまた荒野に戻ってしまうこともある。森が拓かれたといっても、それは人の踏み跡だけのことである」(I 二-九)。

森から社会への帰還

このように語るトクヴィルは「世界ができた時のままのような森にすっかり囲まれた湖の畔《ほとり》に出た」ときの話をはじめます。オネイダ湖を訪れたときのことにほかなりません。ひとが森を切り拓きしばらくのあいだ暮らしてから立ち去り、そのあとには旺盛な自然が戻ってくる。「私は自然の力と人間の無力とに静かに思いをはせた。」ここまでは彼が現地で経験したことと変わりはありません。フランス人の島の廃墟を生みだした力についていうなら、しかし彼の視点は逆転しています。というのも、現実に島に戻ってきたのは自然なのですが、自然の回復のきっかけになったのは、あまりにも速すぎる人間の動きであるからです。こうした社会の側からトクヴィルは事態をとらえています。

旧世界では社会にとって大きな危険であると見なされている「精神の焦燥、行き過ぎた物欲、極端な独立心」が、合衆国では「長期にわたる平和な未来を保障している」と彼はつづけます。しかし物質的な安楽を追い求める焦燥感にあふれた移動こそが、奇妙な憂鬱の根柢にあるのだとすれば、一六歳のとき以来もっとも暗い憂鬱に悩みつづけていたトクヴィルは、まさに同種の病いを患った叔父のあとをたどることで、平等の観念に支配された社会に内在する力学を発見したことになります。そしてまたこの同じ発見によって、自身を新大陸へと導いた叔父の憂鬱をある意味で超えたのでした。

自分は森のアメリカしか知らないというシャトーブリアンも『墓の彼方からの回想』のなかで、「商業の精神」がアメリカ人を支配し、利益が彼らの「国民的な悪徳」になっていると語りはします。商業の精神はトクヴィルのいう物質的利益の追求と深い関係にあります。叔父もまた一八世紀末の合衆国滞在時になにごとかを見聞きした可能性はあります。しかし彼の心に残っているのはやはり新大陸の大自然であって、のちのアメリカ社会の変貌は、トクヴィルやその他の旅行者の記録から教えられたものであるかもしれません。いずれにしても、彼のテクストは断片的なものにとどまり、平等の力学とそこから生じる問題について深く考察するにはいたりませんでした。叔父の心はまだアメリカの森の孤独のなかにとどまっていました。

他方で甥はこの森を通り抜けて社会へと戻るのです。

夢の光景

荒野の一五日間の旅の終わりに、トクヴィルは静かな心地よい風景のなかでつい眠り込んでしまいます。すると七月革命のパリの光景が夢に現われます。ちょうど一年前に革命のはじまった日、そして彼自身の誕生日でもある七月二九日のことでした。ひとの叫喚や砲声、危急を告げる鐘の音が響きわたり、煙硝にむせ返る街路……　夢はごく短いあいだしかつづきません。「頭をあげて周囲に眼をやると、現われた光景はすでに消えていた。森の沈黙はもはや冷ややかではなく、木陰はもはや暗くはなく、その孤独も完全ではないように私には思えた」(「荒野の一五日間」)。北アメリカの深い森を出て、焦燥感にかられた人間が群れる社会へと帰還してゆく、その接点でこんな夢を見たというのはたいへん印象的です。

「私の一生が無気力で平静な社会のなかで終ることになる」と彼が思うようになったのは、「七月革命に続いて生れた全般的な衰退と平穏な状態」がきっかけであったと『回想録』にあります(第一部)。そのことを知っている私たちには、この日の夢はいっそうの実感をもって受けとめることができるでしょう。

この荒野への旅からさらにモントリオールやケベックまでも足を延ばした旅から戻って、おそらくは諸条件の平等から帰結する奇妙な憂鬱と、一〇年前の父の図書室以来の自身の憂鬱とを重ねあわせながら、友人に宛てて何通もの手紙を書くことになるのでした。

第2章

運動と停滞

― 平等の力学の帰結 ―

エドガー・A・ポー「沈黙」の挿絵
(図：ハリー・クラーク)

アメリカの社会にも、フランスのアンシァン・レジーム期にも、トクヴィルはいつも奇妙な、逆説に充ちた事態に大きな関心を示すこと、またその関心は友人宛ての手紙で告白されているとおり、彼自身が「解決しがたい問題」であるという、心の深い部分とかかわりがあることを見てきました。デモクラシーが支配的な社会に出現するのは奇妙な憂鬱ばかりではありません。奇妙なことがらは他にもたくさんあります。ひとの心と社会との不思議な動きにまでゆきとどくトクヴィルのまなざしは、それらを次つぎと発見してゆくのでした。

平等への愛着

奇妙なという修飾語こそは用いられませんが、『アメリカのデモクラシー』の根幹をなすともいえる、平等についての著者の理解そのものが、実は一見したところたいへん奇妙な性格を帯びたものなのです。諸条件の平等から生まれるなかで最大の、そしてもっとも激しい情念は、この平等そのものに向けられる愛着であると、彼はいいます。平等が平等への愛着を生みだすというのはちょっとおかしな表現です。というのも、平等に平等への愛着が付随するのは、わざわざいうまでもない、ある意味ではあたりまえであると同時に、どこか同義反復をふくむ、したがってなにかを語ったことにはならないようにも見えます。この点でまず奇妙ないいまわしです。

『デモクラシー』でいつも併置して考察されるデモクラシーとアリストクラシーとは、それぞれ平等と不平等な社会状態の二つの類型を示しています。しかし両者が対称な位置にあるわけではありません。後者は身分の上下が一貫した垂直な社会関係でもって成り立っており、それは変化せずに静止した状態です。アリストクラシーへの愛着が存在するとすれば、状態の固定と維持につながる、つまりむしろ運動の否定と排除を前提にしています。これにたいして、デモクラシーはあくまでも不平等を脱け出して平等な状態へ向かう、なんらかの運動と加速度を必然的にともないます。しかもアリストクラシーからデモクラシーへの移行は、著者によれば普遍的、不可逆的かつ抵抗不可能でしたから、ここには一方的な運動があるばかりです。この運動を導いている加速度が平等にともなう平等への愛着にほかなりません。

自由と平等

これまたいたるところで平等と対比される自由についても、自由は自由への愛着をともなっているはずです。それでもトクヴィルは自由への愛着と平等への愛着とは必ずしも両立しないとして、むしろ後者が自由を損ないさえする可能性を示唆します。デモクラシーが拡大してゆく社会でも、自由が尊重されないわけではないけれども、しかしそこでは平等への愛着がたいへん強いために、もし自由と平等とのどちらかを選ばなければならないのであれば、後者が優先されることになる。「自由の中に平等を求め、それが得られないと、隷属の中にもそれを求める。貧困も隷従も野蛮も耐えるであろうが、アリストクラシー〔不平等〕には我慢できない」（Ⅱ 二‐一）。

「隷従のなかでの自由」は論理的にもありえないが、「隷従のなかでの平等」は生まれてきます。「民主的な専制」という、これまたトクヴィルにとってたいへん大きな問題につながる主題は、この本でも別の章であらためて採りあげなくてはなりません。しかしここでとりあえず注目しておけるのは次のようなことです。自由は獲得する必要のあるもの、したがってたんなる「状態」にとどまるものではありえず、たえずそれを求める運動でしかないので、自由と自由への愛着は切り離せません。これにたいして、平等への愛着は平等それ自体とは別のところで大きな力を発揮するということです。

『デモクラシー』のテクストをさらに読んでゆくと、平等が生みだす平等への愛着、加速度をふくむ平等の力学がデモクラシーの社会で生じるさまざまな奇妙なことがらの原点となっていることがわかってきます。

二つのデモクラシー、二つの平等

第二巻第二部の冒頭の章にある平等と平等への愛着との区別からは、トクヴィルの考えでは二種類のことなるデモクラシーが想定されているのではないかと考えたくなります。ある一定の平等が実現した状態としてのデモクラシーと、そうした状態をたえず求める運動としてのデモクラシーです。そして彼が問題とするのはとりわけ後者のほうです。アメリカではデモクラシーはヨーロッパにくらべるといっそう進んだ状態にあります。その西部でデモクラシーは「究極の限界」にさえ達していますが、それでもまだデモクラシーは進行の途次にあり、その意味では運動を依然つづけています。

ここで参考になるのは、『デモクラシー』のほんのわずか前に出たピエール＝ルイ・レドレルの本です。彼は自由、平等、所有など、国民によりそのめざすものはちがうが、フランス人がとりわけ愛するのは平等であると書いています（『一七八九年の革命の精神』一八三一年）。しかもこの平等は「事実の平等」と「権利の平等」に区別することができて、フランスでは事実の平等よりは権利の平等のほうが先行したのだといいます。

レドレルは分析的な記述を行っていませんが、ナポレオンの軍隊をモデルとして、だれしもが能力さえあれば昇進が可能な社会を想定しています。事実の平等とは状態として認められる平等、一七八九年の「人間と市民の権利の宣言」の第一条で「人間は自由で権利において平等なものとして生まれ、かつ生きつづける」とされる平等のことです。

権利の平等とは、同じ宣言の第六条で「あらゆる市民は法の目からは平等であるゆえに、その能力におうじて、かつその徳ならびに才能以外のいかなる区別も設けることなく、等しくあらゆる公共の顕職、地位および職務に就くことができる」と規定される平等にあたります（富永編『資料 権利の宣言――一七八九』京都大学人文科学研究所、二〇〇一年)。それはより高い地位やより多くの財産を求めて、社会のなかの全員の競争を可能とする平等であり、運動をともなう平等、そしていうまでもなく、結果として人間のあいだに差異と格差つまり不平等をもたらす平等にほかなりません。

レドレルは一七五八年生まれで、弁護士、政治家そしてジャーナリスト。初期からフランス革命にかかわりますが、恐怖政治期には政治の世界から身を引いてホッブズの著作の翻訳をつづけ、その後政界に戻って一七九九年のナポレオンのクーデタをシエイエスやタレイランらとともに画策します。第一帝政では復活した貴族に列せられ、ブルボン家の復古王政さらに七月王政期まで生きのびます。『革命の精神』はまだ王位に就く以前にルイ＝フィリップの子息のために書かれたそうです。そんな一八世紀から一九世紀にかけての政治の流れを知りつくしたレドレルが、トクヴィルの平等にかかわる考えかたを先取りするようなことを書いているわけです。

トクヴィルがレドレルのこの本を読んでいたのかどうかはわかりません。大切なのは『デモクラシー』で平等と平等への愛着が区別されるとき、その区別は状態と運動とに着目したものであり、レドレルの二つの平等の区別に相似している、またレドレルのいう権利の平等に比定できる平等への愛着の力が強調されているという点です。このデモクラシーに潜在する平等への運動が、このあとさまざまな奇妙な事態を招くことになります。レドレルの着目する権利の平等、そしてトクヴィルのいう平等への愛着は、権利として認知された平等を前提にして、ひとがさらなる平等へと向かうことを許しあるいは積極的にうながします。

主人と従僕

状態としての平等と区別できる運動としての平等とは。人間が平等であるということに加えて、平等であるはずであり、またそうでなくてはならないと考えることだといいかえてもよいでしょう。このことに関連して、『デモクラシー』第二巻の第三部には「主人と従僕の関係」を扱う、たいへん興味深い章がありますが、そこでの考察のもとになったと思われるエピソードが旅行中の手帳に残っています。

いつの船旅のことでしょうか、日付からして「荒野の一五日間」から戻ってまもない頃のようですが、船上で食事をして、その世話をしてくれたボーイにチップをわたそうとすると、近くの席にいた別の客から、そんなことをしてはいけない、彼を辱めることになるだけだからと忠告されます。さらに主人と従僕とが同じ席について食事をすることさえあるのを見て、他者に奉仕する人物が相手に隷属しているわけではけっしてないこと、彼は隣人に「助け help」を差しだすためにその場にいるにすぎないということをトクヴィルは悟ります。

平等が広まったアメリカにも主人と従僕とが存在します。ただしそれは法的には平等な人間のあいだで結ばれた、後者が前者の世話をする役割を果たすという「契約関係」です。この契約は一方が賃金を支払い、他方がそれを受け取るという点で、経済的に非対称な、また一方が他方になんらかの命令をくだす点で社会的にも非対称な関係にもとづいています。にもかかわらず契約を結んだ両者は平等であるところから、従僕の心のなかには、いつかは自分も主人になる可能性があるという考えさえ芽生えてきます。

伝統的な社会にあっては、主人は従僕を自分の一部分と見ている。従僕もまた主人と一体化しているために、ここに移動の可能性を考える余地はありません。たとえばみなさんもよくご存じのセルバンテスの『ドン・キホーテ』に登場する従僕、サンチョ・パンサはいつも自分の主人の行動を冷ややかな目で見ていますが、彼を飛び越してなにごとかをなす、あるいは主人と自分の位置関係が逆転することがありうるなどとは考えていません。サンチョ・パンサはトクヴィルではなく私が例に出したにすぎませんが、『デモクラシー』で描かれる従僕はこんなサンチョとはちがい「一種の想像上の平等」をいだいているのです(II 三-五)。

永遠の遁走

この想像上の平等というのが、法的に認知された状態としての平等に付加される、運動としての平等です。しかし現実には「不平等」を残した想像上のものであるかぎり、この平等への愛着が完全に充たされることはけっしてありません。平等がたえず平等への愛着を喚起し、しかもそれが観念のなかのものにすぎないために裏切られる運命にあることは、『デモクラシー』の第一巻でもすでに語られていました。

デモクラシーの諸制度は平等の情念を覚醒し、これに追従するが、決してこれを完全に満足させることはできない。この完全な平等は、民衆がこれを捉えたと思ったその瞬間にいつもその手から逃れ、パスカルが言うように永遠の遁走を繰り返す。認識しうるほどには手近く、味わうには遠すぎるだけに、一層貴重なこの幸福の追求に民衆は熱中する。彼らは成功の望みによって駆り立てられるが、勝利が確かではないので苛立つ。興奮し、疲れ、そして憤る。（I 二-五）

「永遠の遁走」というのは「無限のなかで人間とはなんなのだろうか」と問う『パンセ』のなかでも重要な断片の一つに出てくる言葉です（ブランシュヴィック版、七二）。トクヴィルはほぼ毎日少しは読んでいる作家として、モンテスキューやルソーとともにパスカルの名前をあげています（ケルゴルレー宛て書簡、一八三六年一一月一〇日付け）。

この広大な世界のなかで確実な真理を獲得することは、パスカルによれば不可能である。真理を摑んだと思ったとたんに、それは人間の手から逃げ去ってゆく。人間には無限の想像力があるので、把握が可能であると信じて真理を追いつづける。しかし……　このような真理の果てしない追求と挫折の連続と同様のプロセスを経て、事実としての平等はアメリカの独立宣言により、またフランス革命で表明された「人間と市民の権利の宣言」によって、少なくとも理念としては実現したのでしょう。だがその平等から導かれる平等への愛着はどこまでも充たされることがないようです。その気持ちは憤りをもたらしさえするほどです。

「アメリカ人は、常に逃げていく完全なる至福を求めてこの無駄な追求を飽きることなく続ける」と述べて、第一巻の「永遠の遁走」をもう一度デモクラシーにおける物質的欲望の肥大という問題に結びつけるのが、先に見てきた第二巻の「奇妙な憂鬱」をめぐる章(Ⅱ 二‐一三)でした。平等への愛着それ自体と物質的安楽の追求とは、扱うことがらの水準はことなりますが、トクヴィルは構造としては相同な問題をここに見ているのです。「日ごとに目の前を遠ざかり、しかし決して視界の外に消えず、後退しながら、さらに人を引きつけて、後を追わせる」という、第一巻で問題になった平等の力学が奇妙な憂鬱の背景にもあることが示されます。

想像力と不満の増殖

平等への愛着はあくまでも「想像上の平等」を求めるものです。この平等は人間に「欲望の拡大を許しながら、あらゆる面で彼らの力に限界を付する」。それは個人の能力で実現するにはあまりにも大きすぎる希望なのです。特権が支配するアリストクラシーでは不平等という、ひとにはどうしようもできない障碍が欲望の前に存在していました。これにたいして平等な社会では想像力が各人の能力の限界を超える欲望の充足を求めているのです。「限界は位置よりはむしろ形式を変更したのである」(Ⅱ 二‐一三)。トクヴィルの好むパスカルも述べるとおり、想像力はひとの心のうちで無限に増殖します。ここから平等の力学のもう一つの重大な結果が生じてきます。

想像力により加速される平等への愛着は、現実に達成された状態としての平等とのあいだにいつも差異を見つけ、それで満足して終わることができません。それどころか最初に目標として思い描かれ設定された平等と比較して、実現されたはずの「平等」が依然として不充分であることのほうに注意が向いてしまいます。運動はいつも目標に達することがなく、未達成感と不満を残してゆきます。そのためデモクラシーのように「すべてがほぼ平準化するとき、最小の不平等に人は傷つく」という事態が生じてきます。これに反してアリストクラシーのように「不平等が社会の共通の法であるとき、最大の不平等も人の目に入らない」のです(II 二-一三)。

相対的不満

「社会が画一的になるにつれて、人はどんなにわずかな不平等にも耐えられなくなる」というのは、『デモクラシー』の第二巻の終わり近くになって著者が再確認することですが(II 四-三)、これまた現代の社会学の主題の一つにかかわる、トクヴィルの大きな発見でした。

第二次世界大戦に参加した兵士の意識調査が合衆国で実施されています。その調査で判明したのは、たとえばある部隊と比較するとはるかに昇進が早い別の部隊の下士官は、にもかかわらず昇進の遅い部隊の下士官よりも多くの不満をいだいているということでした。どうして不満が多かったのか。昇進の可能性が高いと考えられているところでは期待も高まり、したがってその期待度とくらべた結果、自身の昇進可能性が低いと判断されて不満がつのったのでした。ここからは不満が現実のものではなく、想像からはじまった要求によるものであるという観点が生まれてきます。それは「相対的不満」と呼ばれます(S・ストウファー他『アメリカの兵士たち』一九四九年)。

たんなる一兵卒ではなく上級将校でもなく、下士官こそが昇進への気持ちを強くいだくとはトクヴィルも指摘するところでした。レドレルのいう「権利の平等」を思い出すべきですが、とりわけナポレオン以降デモクラシーの支配する軍隊では「出世欲はほとんど普遍的」なものとなっています。しかしそこでは同時に出世の可能性がたいへん少ない。「昇進の欲求は他の軍隊に比べて大きく、昇進の可能性はより小さい」と、トクヴィルは二〇世紀の社会学で確認されるのと同じことを先取りして述べているのです(Ⅱ 三-二二)。

やがて二〇世紀の後半に社会学の世界で「洗練」されてゆく「相対的不満」とは次のようなものです――(1) Aはxを所有していない、(2) Aはだれかがxを所有していると考える、(3) Aはxを欲している、(4) Aは他者と同様にxを獲得する資格が自分にもあると考える。その場合にAはxについて相対的に不満である(W・G・ランシマン『相対的不満と社会的正義』一九六六年)。こんなふうに図式化されてしまうと、トクヴィルの微妙な逆説は色が褪せるように見えます。またこうした概念はとりわけ労働社会学の分野に移すと、労働者が職場でいだく不満は現実のものではなく想像上のものにすぎないといった、つまらない結論にもなりかねないのですが。

相対的不満の概念で重要なのは、主体がたえず他者と自身とを比較しているという点です。そこからは、ひとは自身が所属するのとは別の集団に所属する人物を比較の参照枠として思い描いていることがわかります。この所属集団とはことなる、参照枠となる集団は社会学では「準拠集団」と命名されます。不平等な社会にあってはみじんも意識にのぼらない不平等が、平等の滲透した社会ではどんなわずかな不平等も問題視されるという、きわめて逆説的なトクヴィルの指摘も、平等な社会状態では平等が運動の目標として設定されるからこそ、他者の状態がたえず気になり、目標と現実との差が強く意識されることになるのだといいかえてよいかもしれません。

革命直前の不満の力学

平等の力学にかかわる同じ命題は、「人々が特権に向ける憎悪の念は特権が稀になり、小さくなればなるほど増大するものであり、したがって、民主的情念の炎は火種がもっとも少なくなったその時に一層燃え上がる」というかたちで変奏され(II 四-三)、さらに『アンシャン・レジームとフランス革命』へとも受け継がれます。トクヴィルによれば、アンシァン・レジームの末期、ルイ一六世の治世下の社会はむしろ繁栄していて、革命につながるような国民の不満が存在する状態にはなかった。にもかかわらずフランス革命が出来したのはどうしてであるのか——これはちょうど、安定し憂鬱とは無関係と見える状況で、どのようにして奇妙な憂鬱が生じるのかという疑問に対応しています。

革命以前のフランスの社会は不平等な社会であったどころか、そこでは絶対君主政のもとで中央集権化が進行するとともに、かつて貴族の保持していた特権はしだいに失われ、少なくとも想像上の平等が進展しています。この問題も次の章でふれますが、特権は衰えたときにこそいっそう強い反撥と憎悪の的になるのです。それに加えて、アンシァン・レジームが末期に近づいたとき、フランスでは経済的な繁栄が広まってくるにしたがい、ひとの心はますます焦燥感と不満に充たされるようになった、とトクヴィルはいいます。

特権と不平等が支配する世界しか知らない者は、どんな不平等にも耐えることができます。しかしそこから脱出する可能性が明らかになるにつれて、「不平等にたいする凶暴で消しがたい憎悪」が胚胎してくるのです。「避けがたいこととして辛抱強く耐えてきた悪は、免れることができると考えたとたんに耐えがたいものとなる。」その例としてトクヴィルは次のようなことをあげます。一七世紀のフロンドの乱のさいにルイ一四世が派遣した龍騎兵は、この国の各地で残虐行為を繰り返した。これにたいして一八世紀末になって『フィガロの結婚』などの作品で知られるボーマルシェがごくわずかな期間バスティーユに収監されたときには、かつて龍騎兵が惹き起こした以上に大きな衝撃をパリで生じさせたのだと(三-四)。

アメリカの「商業の精神」

アメリカの社会は言語も信仰も意見もことなる、世界中からきたあらゆる国民からなっている。記憶も共通の観念もない社会である。「これほど多様な要素を一つにまとめる絆はなんなのだろう。なにがそのすべてから一国民をつくっているのだろう」と、トクヴィルは前出のエルネスト・ド・シャブロールに宛てた手紙のなかで問うと同時に答えてもいます。「利益、それが秘密である。たえず姿を現わす個別の利益、そのうえこれ見よがしに生まれ、それ自体が社会の理論であると告げる利益である」(傍点は原文イタリック)。

心が利益に支配されているかぎり、ひとの情熱は政治よりも経済へと向かう。この国の行政権力は選挙で選ばれた者が一時的に保持しているにすぎず、お金も力ももたらしはしない。利益の追求は産業をめざすことだろう。もちろんそれは飽くことのない追求なので、アメリカ人はたえず焦燥感をいだくことになる。合衆国で目立つ国民性は、したがって「産業の精神」と「精神の焦燥」である、と彼は述べます(そのあとにつづくのがアメリカ人は一生のうちに一〇度職業を変えるという、先に見たくだりです)。産業の精神は、『デモクラシー』の別の箇所では「商業の精神」ともいいかえられます。

精神の焦燥と対になっているところからも明らかなように、産業・商業の精神はアメリカ人の空間的・社会的な移動の激しさ、さらには奇妙な憂鬱を生じさせる物質的安楽の追求につながっています。しかしこの商業の精神がある種の政治的な安定に加えて、活気と繁栄を合衆国の社会にもたらしているのもたしかです。アメリカは地理的な条件からしても通商に向いているうえに、人びとはつねに大きな利益を求めて外の世界へ出てゆくことをおそれない。その精神はこの国を世界で第一の商業国にすることだろうとトクヴィルはいいます。

アメリカ人が大胆に外部の世界をめざす傾向は、社会の内部での移動の激しさと対になっています。彼らが利益を得る必要に応じて何度も職業を変えることがあらためて指摘されます。「合衆国に行き渡るこの普遍的な運動、めまぐるしい運不運の交替、公有私有の財産の思いもかけぬ移動、これらすべてが相まって、人々の魂を一種の熱に浮かされた動揺のなかにおく」(I 二‐一〇)。この動揺がアメリカ人の魂を「いわば人類の共通水準を超えた高み」におくという著者はここで、利益の追求に導かれた商業の精神の評価について多少のアンビヴァランスを示しているようにも見えます。

モンテスキューと商業の精神

トクヴィル自身がふれているわけではありませんが、少し迂回をして、商業の精神がまさにアンビヴァランスをふくむものであり、しかもそれはわれわれの主題である平等そのものと関係しているということを見ておきましょう。

話は一九世紀から一八世紀へと遡ります。

彼がパスカルやルソーとともによく読んでいたモンテスキュー、『デモクラシー』が出版されると著者が「一九世紀のモンテスキュー」と呼ばれることにもなる、そのモンテスキューの『法の精神』にはこんな記述があります。「習俗が穏やかなところではどこでも商業が存在し、〔……〕また商業が存在するところではどこでも、穏やかな習俗が存在する。」また「商業の自然の効果は平和へと向かわせることである。〔……〕商業の精神は人間の中に厳密な正義についてのある感情を生み出す」のだともモンテスキューは述べます(第二〇編第一・二章)。

「習俗」とは、今日ではほとんど使用されませんが、一八世紀に好んで用いられ、トクヴィルの著作でもしばしば登場する言葉です。彼はこの語を「一国民の道徳的ならびに知的状態の総体」として用いるといいますが(I 二-九)、とりあえずは「生活習慣」という意味で理解してください。どうして商業は人間に穏やかな生活や平和をもたらすのか。そこには利益が関係してきます。交易をとおして利益の追求にかかわる二つの国民は、まさに利益を失わないためにエゴイズムを抑制する必要があり「たがいに相依り相助けるようになる」からです。「すべての結合は相互の必要にもとづいている」(I 二-九)。

商業の精神はこうして二国民を結合させるが、同様に諸個人を結びつけるわけではないともモンテスキューは断ります。それでも『法の精神』の別の箇所を見ると、「人々は、たがいに交流すればするほど、容易に生活様式を変えるようになる。それは、各人がいっそう他人にとって注目の的となり、個人の特異性をよりよく観察するようになるからである」ともあります（第一九編第八章）。ところで、この時代に商業とは「交流」とほとんど同義語のように扱われていました。その意味では商業は自己と他者のまなざしの交錯をとおして、自己の欠点を自覚させる効果があると著者が考えていたとも解釈できます。そしてさらに決定的なのは、モンテスキューが「商業は平等な人々の職業である」と書いていることです（第五編第八章）。

商業は平等を前提条件としており、そのことが人間に穏やかな習俗をもたらすのです。商業commerceという言葉は「商品とともにcum mercem」というラテン語に由来していますが、モンテスキューの世紀では財貨の交換という意味を超えて、もっと広くひとの交流、さらには社交といった意味で用いられていました。『法の精神』の議論には、平等な社会、垂直な身分関係が解体して水平な人間の関係が基礎になる社会の到来を感じとることもできるでしょう。ハーヴァードの経済学者アルバート・O・ハーシュマンによれば、もともと人間のさまざまな情念のうちの一つにすぎなかった利益という観念に、他の情念を制約する役割が求められるようになってきているのです（『情念と利益』一九七七年）。

競争の原理

もっともモンテスキューは、これまた一八世紀の大問題の一つである「奢侈《しゃし》」との関連で、人間が都市に集住するようになると「ますます虚栄的になり、つまらぬことで自分を目立たせようという欲望が生じてくるのを感ずる。〔……〕人々が一緒になれば、ますます多くの欲望や必要や幻想をもつようになる」ことにも気づいています（第七編第一章）。『法の精神』の少しあとに出る『百科全書』の「商業」の項目では、フォルボネが利益は「商業のもっとも活発な原理」と書きますが、さらに同じ主題を扱いながら利益に加えて「競争」をもう一つの原理に追加する議論も登場してきます（クリコ＝ブレルヴァシュ『商業にかんする考察』一七五八年）。

競争もまた平等（レドレルのいう「権利の平等」）に由来するものですが、それが利益と並んで商業の原理となってひとの行動を左右するとき、モンテスキューにあった利益によるエゴイズムの抑制、したがってまた穏やかな習俗の形成はもはや期待できそうにありません。ひとは平等であるという観念に導かれて、欲望を追求する激しい競争を繰り広げますが、挫折の可能性がないわけではありません。しかし挫折し充足されないからこそさらに物質的安楽を追い求めるという、永遠の遁走に突入してゆくことにもなるでしょう。このように一八世紀からの補助線を引くと、『デモクラシー』第一巻の終わり近くになってのトクヴィルの商業についてのアンビヴァランスがよくわかるかもしれません。

憐れみの念　商業は穏和な習俗をもたらすというモンテスキューの命題は、「諸条件の平等と習俗の穏和化は〔……〕同時進行の出来事というだけでなく、相関する事実」であるという『デモクラシー』へと受け継がれます(Ⅱ 三-一)。不平等のうえに成立するアリストクラシーでは、ひとは自身の所属する階級よりもほかのことがらに思いをいたすことがありません。これにたいして平等が人間のあいだで拡大すると、他者の不幸が自分の不幸のように見えてくる想像力にもとづいた憐れみの念が生まれてきます。デモクラシーではひとは優しくなりもするのです。

ここで「穏和化」とは原語で adoucissement、「優しさ」は douceur であり、どちらも同じ言葉に関係していることにご注意ください。元になった形容詞の doux(ce) には優しい、柔らかい、穏やかな、心地よい、甘いなどのいろんな意味があります。そう、この語に対応するイタリア語の dolce は、私たちの世代にはフェリーニの映画『甘い生活』(一九六〇年)を思い出させますし、今の若いかたならイタリア料理の最後に出てくるデザートがドルチェと呼ばれることをよくご存じでしょう。

詳しくふれている余裕がありませんが、この形容詞もまた「習俗」という語とともに一八世紀に好んで用いられていました——たとえば「甘美な憂鬱 la mélancolie douce」といったふうに、まっ黒で苦いはずのものを修飾するのにさえ登場する言葉です。習俗の穏和化に注目するトクヴィルは、モンテスキューが代表する一八世紀につながっているようです。

稳和なアメリカ人

アメリカの社会はもともとイギリスからのひとの移住ではじまったのですが、アメリカ人は非社交的な性格のイギリス人とはちがい、彼らの「話しぶりは自然で率直」です(II 三-二)。諸条件の平等とともに習俗の穏和化が進んでゆく。二つは「同時進行の出来事というだけでなく、相関する事実」である(II 三-一)、こうしたことを述べてはじまる「デモクラシーが固有の意味の習俗に及ぼす影響」と題された第二巻の第三部では、先に少しふれた従僕と主人との関係や、さらに平等のもとで家族がどのように変容するかなどの問題が採りあげられます。家族、とりわけ父と子や子どもたちのあいだの関係が穏やかなものになることについては、あとであらためてふれることにします。

もちろんそんなアメリカの社会でも、他方では黒人にたいする差別が存在することにトクヴィルが気づいていないわけではありません。また他方で女性の貞節を重んじる教育がゆきとどいているのを評価する点で、今日のフェミニストからは批判が出てきそうです。それはさておき、彼は平等な社会では社会関係が穏和になることをかなり肯定的に見ていたのでした。同じ第三部では、デモクラシーのもとでは基本的に平和が好まれるようになること、大きな革命が稀なものになることなども語られ、そこでトクヴィルは「商業の習性ほど革命の習性に対立するものを他に知らない」といいます(II 三-二一)。

とはいえ、こんなふうにアメリカの習俗をどちらかというと肯定的あるいは好意的に眺めるトクヴィルは、諸条件の平等にともなない穏和になった社会が「より静穏で規律正しいが、私生活は往々にして面白みに欠ける」という不満をもらしもします(Ⅱ 三-九)。この不満は『デモクラシー』第二巻の結論部分へと直接につながりますが、これを見るためにはもう一度平等の力学、そこにはらまれた加速度としての平等への愛着の問題に戻らなくてはなりません。

上方へのまなざし

「フランス人は自分よりすぐれた存在を望まない。イギリス人は自分より劣った存在を望んでいる。」トクヴィルが一八三五年にイギリスに赴いたさいの手帳のなかにこんな言葉が記されています。たいへんうまい表現です。前者はたえず不安げに(焦燥感をもって)上方に眼をやり、後者は下方を眺めて満足する。現われようはことなるけれど、どちらも同じ傲慢によるものなのだと彼はいいます。自身よりも劣る存在を認めて心が充たされるというイギリス人のいやな性格もどうかとは思いますが、私たちが注目したいのは、いつも上目遣いに他者をうかがうとトクヴィルのいうフランス人の視線です。

この上方に向かうまなざしは、社会で平等が進展すればするほど、ひとはわずかな不平等にも耐えることができなくなるという、先に見てきた議論と無関係ではありません。人間はみな平等であり、それを享受できるはずなのに、実はそうではない――これは自身よりも劣ると判断できる者とではなく、すぐれた存在とくらべることから生まれてくる感情です。下位との比較はただ満足することで終わるかもしれないが、上位との比較はそうした状況自体を許すことができないという気持ちへとひとを導きます。平等への愛着がつのり、しかもそれが充足されない「永遠の遁走」が繰り返されるなかで、興奮や疲労さらには憤りさえ生じるのはこうした事情によるものでした。

羨望とデモクラシー

憤りや憎悪の感情をふくむ、上方に向けられたまなざしには「羨望」という名がつき、『デモクラシー』のいたるところで採りあげられる主題となります。平等への情熱は卑小な存在にある人間が偉大な存在をめざす向上心をともなうと同時に、「強者を自分の水準に引き下げることを弱者に願わせ」る「卑しい好み」を呼びさましもする。そうした指摘が、すでに『デモクラシー』第一巻がはじまってまもないあたりにあります(Ⅰ 一-三)。パスカルの「永遠の遁走」にふれた同じ箇所でも、デモクラシーの諸制度が羨望の念を育てることへの言及があり、アメリカ人の移動の激しさを論じるにあたっても、この感情がデモクラシーと不可分であることが述べられます(Ⅰ 二-五、二-九)。

第二巻に入っても「隣人に対する羨望と憎悪と軽蔑」が諸条件の平等とともにひとの心に生まれることが語られ(Ⅱ 一-一)、それは平等な社会ではどんなにわずかな不平等も人を傷つけるとともに、奇妙な憂鬱を生みだしもすることを扱う第一三章へとつながってゆくのです。この章に羨望という言葉は出てきませんが、その草稿には次のような記述が残っています。「羨望は平等な者のあいだでのみ精力的に発達する感情である。それはしたがってデモクラシーの社会でごく共通でごく激しいものとなる。」羨望と憂鬱とはけっして無関係ではありえないのでした。

こうした感情は「民主的世紀の人間は自分と同等の隣人に従うことに極度の嫌悪感を覚えざるを得ない。彼は隣人が自分よりすぐれた知識をもつことを承認しない。隣人の正しさを疑い、その力に猜疑の目を向け、彼を恐れ、かつ蔑む」という意識に向かい、それが自身も自身と平等な隣人も同時に超えた存在、民主的な専制への服従を導きだしさえもします(Ⅱ 四-二)。平等の観念と不可分な羨望にかかわる議論はトクヴィルのなかで一貫しています。

ここで「相対的不満」をめぐるアメリカ社会学の議論に一つの修正を加えなくてはならないようです。先のランシマンの定式によれば、相対的不満は他者が所有するなにものかを自身が所有してもおかしくはないという、欲望の対象をめぐるものでした(Aはxについて不満である)。しかしトクヴィルのいう羨望はむしろその対象を所有している(と想定される)他者に向けられたものであるというべきでしょう。いいかえるなら平等がもたらす不満は、主体の欲望が充足されるかどうかよりも、対象をすでに所有している(と想定される)他者とのあいだの社会関係のなかで生じ、しかも憎しみや憤りをふくむ可能性のあるかぎりで、ひととひととの関係を悪化させずにはおかないものであることがわかってきます。

増悪をともなう羨望は、フランス革命直前の社会心理のうちにも見いだせます。それは先にふれたように、中世以来の封建制が衰退したのちにも、いや衰退し平等がひとの眼に見えてきたからこそというべきですが、いっそうの憎悪を封建制にたいしてかきたてることとなりました。他方で特権を喪失した貴族の側でも、失ったことに由来する怨嗟《えんさ》が生じてきます。社会のどの部分においても憎しみが渦巻いています。そこでは、革命初期の大立者のひとりであるミラボーが述べているそうですが「侮蔑が滝となって流れていた」のでした。

革命直前の社会心理

一八世紀にはまた、いわゆる売官制度、金銭と引きかえに官職を得て新貴族となれる制度が存在し、経済的に余裕の出てきた中産階級が社会的に上昇する可能性が増大してきます。「今日のほとんどのフランス人、とりわけ中産階級の地位への情熱はフランス革命からあとのものだと考えるのは大きなまちがいである。それが生まれたのは何世紀も前であり、以来この情熱に配慮した多くの新たな措置のおかげでたえず成長をつづけたのだった。」社会的な上昇は革命の以前から可能になっていたのです。この「地位への情熱」はすぐあとで「フランス人に固有の虚栄心」といいかえられます(二一九)。

スタンダールの世界

この指摘で大切なのは、より高い地位を求める気持ちが彼と同時代のフランス人の心を支配してもいると認識されている点です。この点でトクヴィルは、「現代の人間はどうしてこんなに不幸なのか」を問おうとして、その原因を自尊心や虚栄心、羨望の渦巻く世界に見ようとしたスタンダールのことを思い出させます。たとえば『赤と黒』（桑原武夫・生島遼一訳、岩波文庫）の主人公であるジュリアン・ソレルは貧しい家の生まれですが、コルシカの貧乏貴族の出身で皇帝にまで駆けあがったナポレオン・ボナパルトを意識して、たえず社会的な上昇を望む野心、「暗い情熱」が彼から離れることはありません。そのジュリアンを自分の家の子どもの家庭教師に雇うのが町長のレナール氏ですが、ジュリアンの雇用を決心するのは、実は町のもう一人の有力者との競争心のゆえでした……

スタンダールが描く世界については、ルネ・ジラールの『欲望の現象学』（古田幸男訳、法政大学出版局、一九七一年）をご覧ください。独自の「欲望の模倣」理論に依りながら、諸条件の平等についてのトクヴィルの議論を参照し、とりわけ『デモクラシー』で奇妙な憂鬱の登場する章も引用して、『赤と黒』の世界の諸相が分析されています。一つだけ注目しておきたいのは『赤と黒』に「一八三〇年年代記」という副題がついているということです。この小説が出版されたのは一八三〇年の七月革命の直後なのですが、作者はやがてトクヴィルが描こうとする社会心理を先取りして示しているかのようです。

実現はしなかったものの永年のあいだアメリカにわたる望みをいだき、この国にかんする本をずいぶんと読んでいたスタンダールは、『ある旅行者の手記』（一八三八年）のなかで当代のすぐれた書物として『アメリカのデモクラシー』に言及しています。もっとも、現代の研究者によると、どうやら実際に読んだことはなかったようです。

逆にトクヴィルが『赤と黒』やその他の作品を読んだ形跡も見あたりません。ただ二人は当時ある女性が主宰するサロンに出入りしていたことが確認できますので、ひょっとすると顔見知りであった、さらに言葉を交わしていたという可能性がまったくないわけではありません。二人はまったく同じ平等の時代と社会を生き観察していたのでした。

『赤と黒』の登場人物たちのほとんどが虚栄心や羨望にとらわれて一種の空回りを反復し、ジュリアンの野心も最後には挫折へとたどり着く運命にあります。同種の様態を「理論化」するトクヴィルのデモクラシーの社会心理学も、合衆国の人間にある種の運動と活力を見いだし、そこには穏和な習俗が形成される可能性さえ認めますが、それでもやはり否定的な結論へと向かいます。平等が支配的になる社会はたいへん激しい動きに充ちていると同時に、まさに同じ原因によって、いたるところでさまざまな停滞した状態を生みだしてゆくのです。これは『デモクラシー』のなかに見ることのできる最大の逆説であるかもしれません。

無数の小さな欲望と野心

繰り返しますが、デモクラシーのもとで追求される物質的な安楽への愛着は、それが想像上の平等にもとづいているかぎり、完全に充足されることはけっしてありません。充たされないがためにひとは新たな欲望を求めることになるのですが、他方ですでに獲得したものを失わないためにも、「無数の小さな欲望」で満足する者が出てくるかもしれません。彼らはもはや度がはずれた欲望の追求には向かわず「放埒よりも軟弱に陥る」ことになります。「軟弱」と訳されている原語は la mollesse ですが、先に見てきた柔らかさ la douceur とほとんどすれすれの言葉です。社会は穏やかになるのでしょうが、それでもこうした状況で人間の「一切の精神のばね」は「弛緩」してゆきます(II 二-一二)。

「無数の小さな欲望」という表現は「合衆国に野心家はあれほど多いのに、大望がほとんど見られない」という主題を扱う第三部第一九章では「無数の小さな野心」といいかえられます。平等の力学は、地位にかかわる限界を取り去ることで人間の野心を増幅させますが、しかし限界はその性質を変えてなお存在しているので、増幅するのは野心の数だけで、それぞれの野心の規模は縮小します。アリストクラシー、つまり不平等の支配する垂直型の社会では、野心をいだく人間といだかない人間とは厳然と区別されており、前者はどんな大きな野心をもつことも可能でしたが、だれもが野心をもてるようになったデモクラシーにあって、野心はごくささやかで凡庸なものへと変化せざるをえないのです。

画一的で停滞する社会

アメリカの社会では、そして一般に平等の広まった社会では、私たちの情熱や欲望はたえず極度なまでに掻きたてられるのですが、まさにその情熱の激しさのゆえにこそ、生活習慣はいっそう規則正しいものとなり、人間の行動はいっそう画一的な姿をとるにいたります（Ⅱ 三―一七）。合衆国ではいかなるものもつねに変化をつづけているように見える。しかしこのたいそう揺れ動いているかの印象を示す社会も長期的には単調で、それを眺める者を退屈させることになるのではないかと、トクヴィルは危惧します。

自分がアメリカへきて驚いたのは、人間が一方では野心に導かれてめまぐるしく動いていながら、その根本ではたいへん固定した原理が作動しているのを眼にしたことであったと彼はいいます。「人間は絶えず動きまわり、人間精神はほとんど動かぬように見える。」この姿はただアメリカ人のそればかりではなく、人類全般のゆくえを指し示してもいます。

新たな社会は日々に様相を変えると思われているが、私自身は、同じ制度、同じ偏見、同じ習俗があまりにも変わることなく固守されることになりはしないかを恐れるものである。その結果、人類は立ち止まって、前に進まず、精神は永遠に自己に回帰し、新たな思想を生まず、人は孤独で不毛な小さな動きに疲れ果て、すべてが絶えず動きながら、人間の前進はやむ、そういうことになりはしないだろうか。（Ⅱ 三―二一）

『デモクラシー』の終わり近くでは、この社会のもとでの人間の画一に眼をやると、悲しくなり心が凍りつきそうで、「もはや存在しない社会に哀惜の念をいだきたくなる」とさえ表明されます(II 四-八)。

とはいえ、「哀惜の念をいだきたくなる」という表現には、「いだきたいが、それだけではすまない」という気持ちが込められてもいるように読めますので、私たちも結論を急がないことにしましょう。とりあえずは、デモクラシーに生きる人間がたえず動き回るとともに、それでも野心は充たされることがなく、羨望にとりつかれてなんら前へ進んでいるわけではない、この社会は運動とエネルギーに溢れているが、結局のところ停滞し疲れ果てた状態にあると、トクヴィルの眼には映っていることを確認しておきましょう。

アブデラの町

晩年のカントが『諸学部の抗争』(一七九八年)のなかで、人間の歴史はよりよい方向に進む、より悪い方向に後退する、よくもなく悪くもならずいつも同一の状態に停滞するという、三種の考えかたがあると論じています。これ自体はさほど新鮮な視点を示しているようでもありませんが、第三の考えかたは「アブデリティズム」と呼ばれます。命名の元は明らかにされませんが、古代のトラキア地方にあったアブデラという都市であったことが今ではわかっています。そのアブデラは伝承によると、多数の蛙や鼠が溢れかえったり、草を食べ水を飲んだ牧牛が狂いだしたり、さらに住民たちも上演された芝居に影響されて、熱にうかされたように町中を走り回ったりという、たいそう奇妙なことの出来する町であったそうです(モレリ『歴史事典』一七五九年)。

トクヴィルやスタンダールが描く、平等の力学に突き出され、野心と羨望に充ちたまなざしをもって動き回る社会は、たえず熱気をもっていながらそれが停滞をしか生まないという点で、このアブデラの町を思わせます。

ポーが凝視したもの

トクヴィルはアメリカに赴いて奇妙な憂鬱や羨望の存在に気づき、スタンダールは同じ国を見たいと望みながらも実現しないままに、自国の人間たちが野心、虚栄心、また無力な憎悪に狂奔するさまに対峙しつづけていた。そうした大西洋の両岸で生まれつつある社会の状態は、あるいは次のような詩的・比喩的表現でもって語れるのかもしれません。

> 河の水は病的なサフラン色。海にむかって流れようともしないで、太陽の赤い眼のもとで痙攣《けいれん》的な不安な動きをくりかえしながら、ただ永遠に鼓動している。泥ぶかい河床の両側は見わたすかぎり、何マイルもの幅にわたって巨大な青白い睡蓮ばかり。睡蓮たちは孤独のなかでたがいに溜息をかわし、亡霊じみた長い首を天にむかってさしのべ、頭はいつはてるともなくたえず揺れうごいている。そして彼らの群のなかから、地下を走る水音のような不明瞭なつぶやきがきこえる。（エドガー・アラン・ポオ「沈黙」永川玲二訳、『ポオ小説全集2』創元推理文庫）

こんな不思議な世界の描写ではじまる短編小説が発表されたのは一八三九年、つまり『ある旅行者の手記』の出た翌年、そして『デモクラシー』の第二巻の刊行の前の年のことです。ポーもまたスタンダールとともに、トクヴィルの同時代の作家として、熱を帯びて激しく揺れ動き、しかも行方も不明なままに停滞する世界を凝視していたのでした。

第3章

切断と連続

― アンシァン・レジームとフランス革命 ―

1789年7月14日のバスティーユ襲撃(画：ショラ)

『デモクラシー』の第一巻で成功を収めたトクヴィルは、一八三八年には道徳・政治科学アカデミーの会員となり、その翌年、二度目の挑戦で下院議員に選出されます。さらに四一年にはアカデミー・フランセーズの会員にも選ばれます。アカデミーの入会時には、前任者の業績を評価し賞讃する演説を行うのが慣わしになっています。彼に与えられた席を前に占めていたのはジャン＝ジェラール・ド・セサック。

アカデミー入会演説

セサックは現代にまでその名前が伝わっていないのはもちろんのこと、当時でもおそらくほとんど忘れかけられていました。君主政末期からの軍歴があり、革命がはじまると立法議会の議員となり、恐怖政治期には公職を離れますが、ボナパルトが権力の座に就くと陸軍大臣をはじめとしてさまざまな要職を経る、そんな人物がアカデミーの会員となっていたのです。一八四二年四月の入会演説でトクヴィルは「自由のために企てられたが、専制に帰結した巨大な革命」を生きた人物のもつ、ある種の胡散臭《うさんくさ》さに注意を向けるとともに、セサックが実質的につないでいるフランス革命と第一帝政という時代そのものが主題の中心になってゆきます。

この演説を受けて新入会員を迎える演説を行うのは、ルイ＝マティウ・モレ伯爵。彼は遠縁にあたるアレクシスのアカデミー入会に尽力したのですが、自身も帝政に深くかかわった経歴があるので、演説を「他人ごと」として聞き流してしまえません。トクヴィルはいかにも彼らしいこと、彼以外にはいえないことを語ったと、ある種のいやみを述べます。さらに専制は目的ではなく、この国に秩序を取り戻すための「手段」にほかならなかったなどと、セサックのためなのか自身のためなのかわからないいいわけをして、モレはその場をとりつくろいます。

入会演説で前任者への批判をほのめかし、その業績を積極的に評価しないのは、例がないことではありません。たとえばもっとあとの時代になりますが、細菌学者として今日に名を残すルイ・パストゥールもアカデミーの会員に選ばれたさいに、前に彼の席を占めていたエミール・リトレ、一九世紀に出た重要なフランス語辞書の編纂者に、その実証主義哲学の点で痛烈な批判を加えて、受け容れる側のエルネスト・ルナンからたしなめられています。

民主政と専制への問い

一八世紀と革命は、人間に自由な体制と絶対的な権力をもたらす「危険な芽」を同時にふくんでいた。革命がナポレオンによる「専制」を準備したとする一八四二年の演説にはしかし、パストゥールの場合以上にトクヴィルの哲学の本質部分にかかわる問題がふくまれていました。つまり『デモクラシー』を書く一〇年も以前から考えていたのだと、著者が友人に宛てた手紙のなかで語っていた主題がここで、第二巻が出版されてまだいかほども経っていない時点で再登場してきているのです。

諸条件が平等になると、固有の意味での民主政か「たった一人の人物が制約なしに権力を行使する政体」つまり専制のいずれかにゆきつくというのが、計算すれば二〇歳の頃からトクヴィルの念頭にあったことでした(ケルゴルレー宛て書簡、一八三五年一月)。先に見てきたとおり、このことを確認するためにこそアメリカ旅行があったのであり、かの地で記した手帳のなかにもボナパルトの名前がありました。

フランス革命と専制との関係に注目するこの入会演説からさらに八年。そのかんトクヴィルは党派抗争のただなかで政治生活を送り、一八四八年には二月革命にも立ち会い、革命後の混乱がまだ終息したわけではないが、ごくわずかのあいだ務めた外務大臣の職も離れて多少は時間に余裕ができます。しかし自身が結核に冒されていることがわかる。その一八五〇年に彼は当初の関心にもどり、『デモクラシー』につづく第二の、そして最後の主著となる『アンシァン・レジームとフランス革命』を書きはじめることになります。

『アンシァン・レジームとフランス革命』

これから刊行しようとしているのはフランス革命の歴史ではいささかもない、とトクヴィルは『アンシァン・レジーム』の序言をはじめます。そうではなくて、この本はフランス革命についての「研究」なのだというのです。同じような表現がひきつづき書こうとしていた第二巻のためのノートにも見あたります。「私は歴史について論じるのであって、歴史を物語るのではない。」

ここで「論じる」と訳した元の言葉はparler、「物語る」はracorterです。両者を区別して日本語にするのはむずかしいのですが、著者の意図は理解していただけることでしょう。一八五〇年の末にこの本に着手したことを友人に知らせる書簡では、これまで、ということは『デモクラシー』においてもということなのでしょうが、自分は「事実を語るよりは判断する」ことに関心があり、またその点で成功したのだとも記しています（ケルゴルレー宛て、一八五〇年一二月一五日付け）。

『デモクラシー』はアメリカの民主政のありさまについてのたんなる記述にはとどまらずに、世界で広まりつつある諸条件の平等にともなう力学とその政治的・社会的な帰結の考察を試みたものでしたが、同じ姿勢が『アンシァン・レジーム』にも引き継がれているのです。いうまでもなくフランス革命の歴史については、トクヴィルの以前にすでに多くの書物が出版されていました。しかしその大半が革命期の当事者の行動を弁明し自己正当化するものであったり、のちになって発見された資料をもとにある種の「逸話」を語るものでした。これにたいして、革命を研究し判断しようとしている点に、まずはこの本の画期的な性格を認めることができます。

「諸条件の平等」と革命前のフランス

この本では自分が「二〇年以上も前に」、つまり『デモクラシー』のなかで書いたことをほとんどそのまま書いているのだとも著者は述べます。トクヴィルはまず合衆国滞在時に発見し、前著のなかで記述し分析したのと同じことがらを、今度は自分の生まれた国の歴史、とくに一八世紀の歴史のなかで再発見しているように見えます。事典その他のトクヴィルにかんする簡単な説明では、そのように書かれていることがよくあるのですが、しかしすでにわかっていただけるとおり、順序は逆なのでした。

共和政をめざしたはずのフランス革命を帝政＝専制へと導いたのは、トクヴィルによれば、アメリカで支配的になっていることを指摘したのと同じ「諸条件の平等」なのです。そして平等の進展は革命よりもさらに前の、いわゆるアンシァン・レジームにまで遡って確認できるものでもありました。革命以前のフランスは君主政であり、国王のもとに僧侶身分と貴族身分、そして第三身分である平民が存在したわけですから、この社会を支配していたのは平等ではなく不平等であるように思えます。ところがフランス社会の平準化をもっとも活発かつもっとも一貫して進めたのは、階層秩序にもとづく社会の頂点にあるはずの国王でした。このことはすでに『デモクラシー』の序論その他で繰り返されていました。

アメリカのデモクラシーであれ、アンシァン・レジーム期のフランスであれ、対象を扱う著者の姿勢ばかりでなく、基本的な関心は最初から変更はありません。ただ、フランス革命、さらにその以前に横たわるアンシァン・レジームの問題を、詳細に調べてゆくと、重要なことが判明します。フランス革命から生まれてきたのだと、これまで自分が信じてきたいくつかの感情や観念は、すでに一八世紀に遡ってその存在を認めることができる。現在、つまりトクヴィル自身が生きる社会の「根」は「この古い地面」のなかに埋め込まれていることがわかってくるのです。『アンシァン・レジーム』はこうした認識からはじまります。

切断ではなく連続

すでに一八世紀からフランスでも平等が進展しつつあったと『デモクラシー』で述べられることは、晩年の著作では絶対君主の存在よりもむしろ中央集権化した行政国家の発達という抽象的な命題に変換されます。これはけっして小さな変更ではありませんが、ともあれトクヴィルによれば、平等が一貫しているかぎりで、フランス革命はアンシァン・レジームと手を切ったというよりは、まさにそこに起源をもつものなのでした。またその後の帝政も同じところから生じたものでした。つまりフランス革命とアンシァン・レジーム、さらにはその後の社会は連続しているのだということになります。

革命はそれ以前の世界と手を切って新しい世界をもたらしたというのが(それにたいする評価は肯定的なものから懐疑的なもの、全面的な否定にいたるまでさまざまですが)、一九世紀半ば当時のおおかたの考えでした。これと並べるならフランスの歴史に切断ではなく連続を見るトクヴィルの視点はたいへん画期的なものです。

とはいえ、私たちの著者のことですから、議論はさほど単純なものではありません。革命が終焉を宣言した封建制はたしかに再びこの社会に戻ってはきませんでした。このことはトクヴィルも認めます。ただ、封建制は革命によって崩壊したのではなく、その以前から崩壊ははじまっていた。その意味でアンシァン・レジームと革命は連続しているのです。だから時代は遡るが、どこかに切断点は存在します。また第一帝政、さらにいくつかの政体の変更を経て今にいたっているわけですから、いいかえればアンシァン・レジームのどこかで生じた切断がトクヴィルの時代まで連続しているのだということにもなります。歴史のなかの切断と連続にかかわる彼の微妙な立場がこの章の主題です。

「アンシァン・レジーム」の隠蔽

一七八九年八月四日の夜の国民議会での、封建制の廃止にかんする決議に象徴的なように、フランス革命はたいへん唐突なかたちで古い世界を否定し、そこから自身を切り離したかのように見えます。その三週間あまりのちには「人間と市民の権利の宣言」も出て、フランス人は再生して新しい社会をつくってゆくかのようです。革命後の世界を生きた人びと、また今も私たちのうちの多くが、革命にたいするこのような見かたを残しています。

ところがそうした大きな切断に眼を向ける、あるいは革命は切断点ではなかったにもかかわらずそこで切断がなされたと考えるためにこそ、ひとの視界から消え去ってゆくものも少なくはないとトクヴィルは注意を喚起します。自分たちは革命以前の社会についてよく知っていると思い込んでいるが、しかしその細部について実は混乱した、しばしばまちがった観念しかもってはいない。著者によれば「フランス革命がわれわれから隠蔽してしまったこのアンシァン・レジームの核心にまで入り込む」ことがこの本で企てたことでした（『アンシァン・レジーム』序言）。

大きな革命が成功すると、その革命を生みだした原因が消えてしまい、まさにその成功のゆえに理解のできないものとなる（一―五）。またこの「過激な革命」はそれが破壊しはしなかったすべてのものを曖昧にしてしまったために、アンシァン・レジームはかえって暗闇のなかにうずもれてしまったのだとも著者は語ります（二―一）。革命の以前と以後とが切断されていると認識することによって、まさに切断される以前のことが不明になるというのです。

革命はアンシァン・レジームを覆したのではなく隠蔽したというのが、切断と連続にかかわるトクヴィルの観点から抽《ひ》き出せる、もうひとつの重要な命題です。

「古い体制」の出現

それがどういうことであるのか、ここでは『アンシァン・レジーム』で語られたわけではないことがらを例にとって見てゆくことにしましょう。まずはこの「アンシァン・レジーム」という言葉それ自体ですが、いうまでもなくそれは革命以前の時期には存在しませんでした。革命が生じたからこそ、その以前の時代と社会は「古い」ものとなり「旧体制」と呼ばれることになったのです。

これはちょうど、日本で一八六八年に「明治革命」が起きて幕藩体制が崩壊し、その事件が

「維新」ないし「御一新」と呼ばれるようになったこと、また第二次大戦が終結したからこそ「戦前」と「戦後」の区別が可能になり、後者から見て前者が価値を失った事情と似ているかもしれません。言葉がいつから用いられるようになったのか、正確なところはわかりませんが、七月のバスティーユ襲撃事件、八月の封建制廃止の決議、さらに「人間と市民の権利の宣言」を経て、九月になり国民議会の作成する法律にたいする国王の拒否権が問題となった頃には、もう早くも議員の発言のなかに「古い体制を廃止する、消滅させる」といった言葉が見あたります。

廃止し消滅させるからこそ、それは古いものとなるのであり、廃止の前にはまだ古いものではなく現に存在している体制であるはずなのですから、この議員、ラ・ロシュフーコー＝リアンクールは論理的には正しくないことを述べているわけですが、このような事態が生じます。ついでに付け足しておくと、彼は旧体制下での救貧制度の不備を是正し、新しい制度をつくる作業に熱心に関与します。そののちアメリカへわたり『アメリカ合衆国旅行記』(一七九九年)を書きます。そこには第一章で見てきたオネイダ湖のフランス人の話も出てくるのですが、トクヴィルはこの先達の著作を旅に出る前にはまだ読んでいませんでした。

ラ・ロシュフーコー＝リアンクールのいう「古い体制」はしかしまだ小文字で表記されているのが、やがて大文字に変わってゆきます。この大文字の古い体制が「アンシァン・レジーム」です。ところで、この言葉が登場し、さらに大文字で表記されるにいたる過程と並行して、現実には取り壊され、その後言葉とイメージによってだけひとの記憶のなかに残ってゆくものがあります。

バスティーユのイメージ

七月一四日にパリの民衆に襲撃され、その日付はフランス革命の端緒とされて、現在でも国民の祝日になっているバスティーユ監獄です。襲撃事件の二日あと、七月一六日の国民議会では早くもこの監獄の取り壊しが決議されます。バスティーユは革命以前の専制を体現しているのであるから一掃すべきだという議論とともに、そうであるからこそ場所の記憶を子孫に伝えるため記念碑を建てるべきであるという意見もありました。

いずれにしても、バスティーユが古い、そして革命がはじまったからには否定されなければならない場所であるというイメージの点では共通しています。そのイメージは自身がそこに収監されたことのある、法律家でジャーナリストのシモン・ランゲの『バスティーユ回想』(一七八三年)などにより、革命以前からひとの心のなかでいだかれていたものでもありました。それが七月一四日の事件で決定的なものとなったのです。この監獄を取り壊しその跡を広場にすることは、しかし実は革命のはじまるよりも以前から決定されていたのです。絶対君主政下では「封印令状」なるものが存在して恣意的な逮捕・拘束が可能であり、その対象となった者がバスティーユその他に収監されていたことは事実です。

それでも、七月一四日の襲撃時にそこに囚われていた人間の数はごく少なく、また襲撃の目的も囚人の解放ではなく武器を入手することでしたが、その武器さえ満足な数が保管されてはいない状態でした。ところがそんな場所が襲撃を受け、降伏した司令官を殺害し、その首を槍の穂先につけて市中を歩き回るという事態に発展します。こうしてバスティーユというイメージと言葉は定着してしまうのです。「世界中がバスティーユを知っており憎悪していた」と、のちにミシュレは書くことになります。ただしこの歴史家は、他方でそこが絶対君主政に睨まれたなん人もの知識人が収監されていた点では「自由な精神の住みか」であったことも忘れてはいません(『フランス革命史』第一編第七章、一八四七年)。

ここには、バスティーユという場所にたいするアンビヴァレントな意識を見ることができます。しかし抑圧と自由という二つのイメージは、フランス革命が倒した絶対君主政にたいする敵意という点では共通しています。監獄のイメージは否定的なものであれそうでないものであれ、革命の直後から増殖しあるいは定着してゆきます。ある研究によればバスティーユを扱うパンフレットは、革命の以前には三〇タイトルに満たなかったのが、八九年だけで六〇タイトル、その後革命が終わるまでの一〇年間に三一タイトル出ているのだそうです。この数字を見るだけでも、革命によって打倒されたものの姿が、その後どのような運命をたどるのかを想像することができます。

悲惨と隷従の時代か

革命以前に存在したものの実際の姿は、革命の成果によって変形されあるいは隠蔽されてゆく。このバスティーユのイメージの変形や増幅と同じことが、アンシァン・レジームという言葉の誕生と定着についてもあてはまります。フランスの農村の外見は悲惨で、哀れで、荒れ果て、恐怖をおぼえさせるものであった。他方で農民たちはすべてを甘受し、世俗と教会の主人を尊敬し、偶像を崇拝するように国王に愛着を示していた。こんなふうにミシュレは『革命史』の「序論」で書いています。この二世紀のあいだに外国からきた旅行者が書いたものを読めばと断りながらなので、そうした記述が残っていたことは否定できません。しかし革命後の世界を生きる人間が、自分たちの観念にしたがって資料から過去の民衆の悲惨と隷従を読み取っているのだといえなくもなさそうです。これが「アンシァン・レジーム」なのです。

ミシュレの議論にたいする直接の反論ではありませんが、トクヴィルは「アンシァン・レジームが卑屈と依存の時代であったなどと考えるのは大きなまちがいであろう」といいます(二一一二)。「アンシァン・レジームでは……であったと考えるのはまちがいである」という表現はこの本の他のところでもよく見かけます。こうして概念が創出されることでかえって実情が隠蔽されてしまったアンシァン・レジームを再現させながら、歴史のなかの切断と連続の微妙な絡まりを明らかにしようとするのが『アンシァン・レジームとフランス革命』です。

巨大な中央権力という連続性

アンシァン・レジームという言葉が創出されること自体によって、革命以前の社会の真の姿がむしろ隠されてしまう。フランス革命はそのような効果をもたらしたほどに、多くの人びとにとってたしかに社会と政治を覆す大きな事件と見えました。

フランス革命は古い政体を変えることばかりではなく、社会の古い形式を廃止することを目的としていたのであるから、存在したすべての権力を同時に攻撃し、社会で認知されていたすべての勢力を破滅させ、伝統を消し去り習俗と習慣を一新し、それまで敬意と服従の基礎となっていたすべての観念を人間の精神からいわば取り除かなくてはならなかった。そこからたいへん奇妙なことに無秩序な性格が生じた。/しかしこの残骸を取り除いてみよう。すると以前は一群の二次的な権力、身分、階級、職業、家族そして諸個人のなかに散らばり、社会全体のうちに散乱していた権威と影響力のすべての断片を引き寄せひとまとめにのみ込んだ巨大な中央権力の存在に気が付く。(一-二)

革命がもたらした「残骸」のもとで棲息しつづけた「巨大な中央権力」――これこそが革命以

前と革命、さらには革命後の世界をつないでいるもの、アンシァン・レジームと革命の連続を証するものです。

平等の起源

トクヴィルは、フランス革命のはじまった一七八九年を二つの段階に区分します。まずは「平等への愛と自由へのそれ」とがともにひとの心のなかにある時期です。そこではただ民主的な制度のみならず自由な制度の樹立がめざされています。「青春の、熱狂の、誇りの、高潔かつ真剣な情熱の時期、あやまちがあったにせよ、人びとが永遠にその記憶を残す」時期です（『アンシァン・レジーム』序言）。さっと読んだかぎりでは、この段階はむしろ歴史に大きな切断をもたらした時期であるようにも思えます。しかし、あとでもう一度詳しくふれますが、ここにも別の、関係がないわけではないけれども別の「連続」が存在しています。

同じ年の一〇月、パリの民衆がヴェルサイユまで行進して、国王とその家族を連れ戻す、そのあたりからと著者は想定しているのでしょうか、自由よりは平等が支配的になる段階がやってきます。革命はそれ以後平等のみによって導かれ、恐怖政治から総裁政府期、そしてボナパルトのクーデタへとつながることになります。通常の革命史家からすれば大雑把にすぎる時期区分ですが、トクヴィルはそこから時代を下るのではなく、逆に遡って革命を支配した平等の起源をさがしだそうとします。

その起源は一七世紀のルイ一四世以来の絶対君主政にありました。絶対君主政の成長はこの国で中世からつづいた封建制を破壊し、長いあいだ貴族が保持してきた権力を次つぎに奪いみずからの手中に収めます。地方や個別の都市に認められていた特権もしだいに失われてゆきます。『アンシァン・レジーム』の第二編では、そのプロセスの仔細な検討がなされています。封建制は階層構造を基礎とする不平等な社会でしたが、それが崩されることによって、絶対君主との関係では他の臣民すべてが平等であるような社会が成長します。またそれにともなって政治権力は中央に集中します。それが先に見た「巨大な中央権力」です。

行政の集権化

諸条件の平等とそこから帰結する問題については、アメリカへわたるよりも以前から考えていたというトクヴィルですから、中央集権化という主題はいうまでもなく『デモクラシー』のなかですでに採りあげられています。一八三五年の第一巻に戻るならば、権力の中央集中に二つの区分がなされていました。まずは合衆国の連邦法の制定や外交問題といった「国のあらゆる部分に共通に関わる」ことがらにおける集権化です。著者はこれを政治的な集権化と呼びます。他方で「自治体の事業のように、国のある一部にだけ」関係する利害が存在し、こちらの利害を処理する権限が集権化することもありえます。それには行政の集権化という名前がつきます(I 一-五)。

この二種類の集権化のうちで前者は、デモクラシーの進展にともなう当然の帰結と考えられているようです。これにたいして後者、行政の集権化は公共精神を減退させ、国民を無気力にする点で重大な結果をもたらすとトクヴィルはいいます。フランスではルイ一四世のもとで政治の集権化が最大限に進行した。しかし行政のそれは今日ほどではけっしてなかった。政治の面で集権化が進んだイギリスも行政の集権化は見られない。そしてアメリカでも同様である。とりわけニュー・イングランドには本国から移されたのであろう「タウンシップ」という自治制度が充全に機能しており、アメリカのデモクラシーによい影響をおよぼしている。ところが翻って一八世紀のフランスに見ることのできるのは、まさにその行政権力の中央への集中なのでした。

とはいえ、その権力は国王自身のものではありません。ルイ一四世が発したとされる「朕は国家なり」という言葉は、一七世紀の絶対君主の性格を示すものとしてよく知られていますが、実のところ国王の身体と国家機構とのあいだではある種の分離がはじまっていました。国王のもとで顧問会議なるものが設立され、国内行政を集中的に統括する財務総監が任命されます。封建制は破壊されるといっても、しかし完全に姿を消してしまうにはいたらず、したがって各地の行政にはまだ混乱が残ります。それでも地方に派遣される地方総監と彼が任命する補佐官の手で、それまでよりはいっそう統制の取れた地方行政が組織されてゆきます。

『デモクラシー』やその直後の論文では絶対君主が社会の平準化を進めたと書かれていたのが、『アンシァン・レジーム』になると行政国家の成長に注意が向けられます。それは「神に由来しない、伝統とはいささかも関係しない、非人格的な」、つまり国王の身体からは離れた権力です(一‐三)。国王自身ではなく、この官僚組織をとおして権力は中央からしだいに地方の細部にまで滲透します。

重農学派と「国家の全能」

こうした事態を理論的に支えているとまではいえないかもしれないが、反映ないし体現している思想は、いわゆる重農学派のなかに見ることができます。今日でも重農学派はその名称「フィジオクラット physiocrates」が示すとおり、ギリシア語のピュシス physis すなわち自然の秩序に由来し、またこの日本語の名称のとおり商業よりも農業を重視して、絶対君主政の重商主義的な政策に批判的な立場をとる経済思想として評価されているようです。トクヴィルによれば、しかしケネーにはじまるこの学派ではむしろ国家の果たす大きな役割が強調されていました。

トゥール近郊に滞在して著作の準備をしていた頃、トクヴィルがケネーやミラボー父などの重農学派に属する人びとの著作を読んでいたことが、友人に宛てた手紙や当時作成したノートからもわかっています。重農学派は啓蒙哲学ほどにはフランス革命に貢献しはしなかったが、「革命の真の性質」は彼らのなかでこそよく理解できる、また革命が廃止したあらゆる制度が彼らの攻撃の対象であったと『アンシァン・レジーム』にはあります。

重農学派の一人とされるル・メルシエ・ド・ラ・リヴィエールが『政治社会の自然的かつ本

質的な秩序』(一七六七年)で「恣意的な専制」と「合法的な専制」を区別している点に、トクヴィルはノートのなかで注意を向けていました。「本質的な秩序の規則」にしたがって統治がなされる場合であっても、そこでは「国家の全能」が必要であることを認めるル・メルシエが『アンシァン・レジーム』で再び引用されます。この全能とは立法権力よりも執行(行政)権力にかかわるものでした(三一三)。

「全能の力は私にはそれ自体悪しきもの、危険なものに見える」――トクヴィルはすでに『デモクラシー』のなかでこう述べていました。そんな力の行使は人間になしうることではない。全能であっても危険でないのは神のみであろうと(I 二―七)。また、合法的ではあっても専制であることに変わりはない、あるいはまさに専制が合法的でありうることがトクヴィルの問題意識の根幹にあります。こうした専制はやがて「民主的な」という修飾語を付けて論じられることになります(『デモクラシー』II 四―六、『アンシァン・レジーム』三―三)。

テュルゴに見たこと

この国の行政の中央集権化を担う組織の代表的な人物として、『アンシァン・レジーム』でしばしば名前があがるのがテュルゴです。一七二七年生まれのテュルゴは一七五〇年にソルボンヌで「人間精神の継続的な進歩」について演説して有名になり、『百科全書』にもいくつかの項目を寄稿しています。のちに官僚に転じてリムーザンの地方総監に任命され、一七七四年にはルイ一六世のもとで財務総監に就任します。絶対君主政下で改革を試みた開明官僚として知られています。

トクヴィルはしかし、著作の準備のために作ったノートでは彼のことを「行政の輩《やから》の父祖」とさえ呼び、重農学派と同様その業績をあまり評価しません。たしかにテュルゴは地方制度の改革を提言し、とりわけ道路工事などを農民に負担させる「賦役」という制度を廃止しました。そうした施策はやがて高等法院の「反動」にあい失脚するにいたったことに加えて、彼の「善政」を象徴的に示しているように見えます。しかしそうした政策と対になって、国家権力が地方に滲透してゆくのです。トクヴィルの見るところでは、テュルゴもまた「フランス革命の真の精神」を体現していたのでした(フランシスク・ド・コルセル宛て書簡、一七五三年一二月三一日付け)。

国家に依存する人間

都市や農村、また学校や病院などさまざまな社会制度は、それぞれがかつて保持していた独立した意志を失い、「行政はすべてのフランス人を被後見状態においた」とトクヴィルはいいます(二-四)。また「政府はこうして神の恵みの立場を取った」のだとも(二-六)。「神の恵み」とは『デモクラシー』で諸条件の平等の進行について用いられた「神の御業」と同じ言葉です。元の言葉の Providence は神が人間にとってよかれと考えて実行する「思し召し」を意味しますが、二〇世紀のフランス語で Etat-providence とは「福祉国家」のことです。このように考えると『アンシァン・レジーム』で語られる国家行政の拡大は、フランス革命から帝政を越えて、さらに今日の世界にまで「連続」しているのだといえなくもありません。

集権化した政府の後見下におかれ、なにごとにつけ世話を受けるようになるにつれて、人間は国家への依存を深めてゆきます。章をあらためて見ることにしますが、自由は圧政のもとでも根づき成長するけれども、被後見状態にあっては生まれることも発展することもできないと、著書を準備したさいのノートには記されています。他方で官僚は組織の上から下にいたるまで「公的な利益」を理由にして、実はわずかな「私的な利益」にまで関与します。そうした事情を示す文書が山ほど残っており、それらを読んでいると憂鬱になる――彼の心の奥底にある感情が、ここでも再び滲み出てきます(二-六)。

画一化する社会

アンシァン・レジームにおける国家行政の拡大は、この国にある種の統一をもたらします。統一はしかし、社会の画一化をも意味します。一八世紀が進むとともに国王の名で発せられる勅令や宣言、顧問会議の裁決の数は増加し、「きわめて全般的かつきわめて画一的な立法」という観念が広まってきます。「おそらくそれまでの世界で見られるよりもいっそう密度が高くいっそう同質な社会体」ができあがります(二-八)。地方が衰退して独自の性格を失い、パリが全能化してゆく過程に関連して、トクヴィルがフランス革命の初期に採用された県制度に言及しているのに注目できます。

一七八九年の秋にこの国の空間は大幅な再編成を経験します。まずはパンフレット『第三身分とはなにか』を書き、六月二〇日の球戯場の誓いを主導することで革命の開始の象徴ともなったエマニュエル・シエイエスが、代表制にもとづく議員の選挙、また租税の徴収の問題とのかかわりで、フランスを一辺が一八リュー（一リューは約四キロメートル）からなる八〇の正方形に機械的に分割することを提案します。こんな極端な提案はさすがに受け容れられませんが、いくつかの議論を経て、結局のところずいぶんと地域の地理的伝統を無視した八三の県が成立します（これは現在のフランスの県制度にほぼ受け継がれます）。

シエイエスの合理的な（！）提案には、一八世紀の啓蒙哲学と無関係ではない理性を重視する観点が反映しています。そんなものが現われたのはトクヴィルによれば、この国がすでに革命の以前から中央集権化とそれにともなう画一化を経験していたからなのでした。ここでも、アンシァン・レジームとフランス革命とは連続しています。「人びとがこれほどまで野蛮なかたちで自分たちの祖国を断片化するのを目にするのははじめてである」というエドマンド・バーク（『フランス革命についての省察』下、第二部、中野好之訳、岩波文庫）を引用しながら、バークには生きた身体を引き裂いたと見えたようだが、実のところ解体されたのは死者たちであった、つまりフランスは革命よりも前から死にたえていたのだ、とトクヴィルは書きます（二一七）。

人口統計の思考

バークはフランス革命にたいする見とおしが必ずしも正しくはなかったとして、『アンシァン・レジーム』でしばしば言及される著作家のひとりですが、この県制度への批判をめぐってトクヴィルのふれていない重要な指摘をしています。それは国土を合理主義にもとづいて分割する提案が、人間を個々の具体的な存在としての人間ではなく、ある領土に住まう全体的な「人口」として、つまり算術と幾何学の対象である数字として扱う発想にもとづいているということです。

この数字で把握されることになる人口という観念に関連して、トクヴィルは別のところで興味深いことにふれています。行政官が統計を好むようになったのは最近のことであると自分は考えていた。それはしかしまちがいだったというのです。アンシァン・レジームの末期になると、印刷された小さな書類が地方総監のもとに届く。彼は補佐官たちに記入させたその書類を中央へと送り返す。こうして財務総監は各地の土壌の性質や耕作、生産物の種類と量、さらには住民の勤勉の程度と習俗まで、つぶさに知ることができるようになる。このような経済にかかわる発想が当時の行政官のあいだですでにはじまっていたのだと著者は語ります(二一六)。

彼は『アンシァン・レジーム』を執筆するにあたり、トゥールで地方の行政文書を読むなどの準備をしていますが、そうしたアンシァン・レジーム期の社会の実際の姿の「探索」のなかで、革命以前の行政官のあいだに統計的思考がゆきわたっていたことに気がついたようです。

トクヴィルの発見したとおり、統計学、といってもそれはまだ今日私たちの知っている学問とはかなりことなるものですが、少なくとも統計学という名のついた知がヨーロッパで広まりはじめたのは一八世紀のことでした。

統計学Statistiqueという言葉は、ドイツ語の国家Staatあるいは状態Statusに由来するという二説がありますが、どちらにせよ国家が国民の状態(領土と人口)を把握するための手段です。その意味で統計学は、同じ頃にドイツで発達する官房(財政)学Kameralwissenschaftと深い関係にあるようです。またイギリスではそれよりも以前から、たとえばウィリアム・ペティの仕事がよく知られていますが、政治算術なるものも試みられていました。

統計をとおした権力のまなざし

フランスで統計学という言葉が正式に用いられるのはフランス革命の終わりかける頃、行政組織が熱心に統計を集めるようになるのは第一帝政期、そして統計学が物から心にまでその対象領域を広げ「道徳統計」なるものまで登場するのがちょうどトクヴィルと同時代です。合衆国の監獄制度を視察し報告書を書いた彼がまず眼を向けるのは、この国の司法省が一八二五年からはじめた犯罪統計でしょうが、そうした関心もあって、中央権力のまなざしが統計をとおして人口という存在にまでおよんでいる事態がすでにアンシァン・レジーム期に生じていることを認めたのにちがいありません。

「取引における同じ尺度、国家における同じ法律〔……〕」。しかし、それは、常に例外なく適切であるだろうか」(第二九編第一八章)と、「画一性の観念」について懸念を表明するモンテスキューの『法の精神』が出たのは一七四八年、まさにトクヴィルのいう官僚組織のもとで行政の集権化が進行する時代なのでした。ここでモンテスキューのいう取引における尺度、すなわち統一的な度量衡の合理的な制度、最後の『百科全書』派の一人であるコンドルセが地球の子午線の一〇〇〇万分の一の長さを基本的な単位とすることを提案する制度、つまり今日の私たちも用いている「メートル法」が検討され採用されるのも、これは県制度とはちがい『アンシァン・レジーム』では言及されはしませんが、フランス革命のさなかにおいてのことでした。

著者は『アンシァン・レジーム』の第二巻を準備するさいに、フランス革命の哲学的な出発点となったパンフレット『第三身分とはなにか』を検討して、作者のシエイエスが政治を終始「数の計算」に還元して考察していたことに言及している点にも注意しておきましょう。啓蒙哲学の基礎となった合理主義は行政の中央集権化と対になって、フランス社会に全面的な画一化をもたらしたのであり、これもまたアンシァン・レジームから革命へと、さらにその後の世界に継承されていったのでした。

官僚の手になる統計をつうじて人口として、つまり数字でもって把握される人間には顔がありません。行政の中央集権化にともない地方の独自性が失われ画一的な社会が生まれますが、そこに生きる人間もまたたがいによく似かよった、画一的な存在となります。とりわけ貴族とブルジョワジーのあいだの差異は稀薄なものとなります。とはいえ一八世紀の終わり近くになっても、両者の生活様式はかなりことなっています。というのも習俗ほど緩やかにしか変化しないものはないからです。しかし彼らはすでに「同じ観念や同じ習慣をもち、同じ趣味にしたがい、同じ快楽に身をまかせ、同じ書物を読み、同じ言語を話していた」のでした(二―八)。

「心の不在地主制」

この平等化と相似化にもかかわらず、貴族とブルジョワをわけ隔てる無数の障壁が残存し、諸階級は依然として相互に孤立しあってもいます。すでに見てきたとおり、貴族はかつて保持していた権力を次つぎと中央政府に奪われ、領主は「第一の住民」にすぎなくなっていました(二―一)。領地を離れたところに住まう貴族も少なくはなく、離れはしないまでも、さまざまに領民の面倒をみる義務をすでに放棄していました。こうした領主の状態について、トクヴィルは「心の不在地主制」という、興味深い表現を用います(二―一二)。領地にとどまってはいても、心は領民の生活に向いてはいないのです。

それでも、いや政治権力を喪失したからこそというべきなのですが、彼らは長いあいだ認められてきた特権、領地の人間を守り統治するその見返りとして認められてきた特権、とりわけ免税特権にしがみつこうとします。この特権には実質的な根拠がありません。全般的な平準化が進んでいるなかで、貴族階級を他の階級から区別することを可能にしているのは、彼らの貴族としての「出自」だけです。

日本語の「長者の気配り」というのとほぼ同じ意味で「貴族身分には義務がともなうNoblesse oblige.」というフランス語の表現がありますが、彼らはもはやその義務を果たしてはいません。貴族であることを保証するのは貴族の家系に生まれたという事実でしかなくなっています。このような生まれのみによって区別される集団を、トクヴィルは一八三六年の論文以来、階級ではなく「カースト」と呼び、この考えかたは『アンシァン・レジーム』にも引き継がれています。

貴族は本来の社会的な役割を果たしているかぎり、アリストクラシー（デモクラシーの対語ですが、ここでは上流階級とも訳すことができます）を構成しています。それが封建制の衰退と平等の拡がりとともに、トクヴィルによればイギリスを唯一の例外として消滅し、ヨーロッパのいたるところで貴族のカースト化が進行してゆくのです。出自以外には根拠のないカーストとしての貴族の残存が、もはやほとんど区別のつけようのないブルジョワジーとのあいだの差異を保証するものになっていました。

階級の障壁と言葉

両階級のあいだで相似化と隔絶が同時に生じたことを論じる『アンシァン・レジーム』の章では、「言語の学問を歴史の学問に応用して」、フランス語のgentilhommeと英語のgentlemanという、共通の語源をもつ二つの言葉のちがいが注目されています。ふつう「田舎貴族」と翻訳される前者は、地方に住み他の階層の人間とちがわないが生まれの点で貴族にとどまっている人びとをさすのにたいして、英語の「紳士」はすでに階級差のしるしを失くして、社会のなかで上流の、品のよい人間について用いられる。

さらにイギリスから伝えられたアメリカ人の言葉の用法では、あらゆる市民がなんらの区別もなしに「ジェントルマン」と呼ばれるにいたる。この言葉の歴史はデモクラシーの歴史そのものでもあるとトクヴィルはいうのです(二-九)。いいかえればアンシァン・レジーム期のフランスでは、平等化が進んだにもかかわらず、田舎貴族、地域の他の住民とほとんど差異が認められないにもかかわらず、生まれのみで区別を表徴される人間が残ってしまったのです。

こうした障壁によって隔てられた貴族とブルジョワとのあいだには、当然ながら相互の交流は存在しません。カーストを実質的に廃止したイギリスでは、貴族と平民はいっしょになって同じ事業に取り組み、同じ職業に就き、両者のあいだでは結婚も可能です。ところがアンシァン・レジームのフランスではそうはならなかった。平民の娘が貴族の家に嫁ぐことは、革命とデモクラシーを経験して六〇年を経過したトクヴィルの時代でさえ避けられている(二-九)——このあたりの記述には、ふつうのイギリス人女性との結婚にあたって家族の大反対を受けたトクヴィル自身の経験をうかがうことができるかもしれません。

集団的な個人主義

貴族とブルジョワとはたがいに交流しないばかりではなく、相互に関心をいだくこともほとんどありません。それぞれが自身のうちに閉じこもり小さな社会をつくって、自身の利益のことだけを考えています。相似化にもかかわらず隔絶した状態にあるアンシァン・レジーム期の人間の状態を論じた最後の箇所で、そうした相互の無関心をトクヴィルは、個人主義という言葉は自分たちの父祖にはなく最近つくられたものであると断りながら、「集団的な個人主義」と名づけます(二一九)。

集団的な個人主義とは、今日の社会学の「常識」からすると矛盾撞着《とうちゃく》する概念のようですが、これを理解するためには『デモクラシー』で述べられていたことに戻る必要があります。「われわれの父祖は利己主義しか知らなかった」という類似した表現が登場する前著の第二巻で、著者は個人主義を利己主義と区別していました。トクヴィルの用法によれば利己主義とは「自分自身に対する激しい、行き過ぎた愛」であり、すべてを自己本位に考え自己の利益を優先させる生きかたです。

この利己主義ほどに激しくはなく、むしろ市民が全体から孤立して、家族と友人とからなる狭い世界に閉じこもり、孤独な「自分だけの小さな社会」のことしか見えなくなる。そんな思考様式をこそトクヴィルは「個人主義」と呼んでいました(Ⅱ 二一二)。利己主義は「世界と共に古い悪徳である」のにたいして、個人主義は諸条件の平等が拡大し、人間のあいだの紐帯が弛緩した時代に特有のものであるとされます。もっともそれは彼の考えるところでは、いずれ結局のところは利己主義に帰着してしまう可能性のあるものではありました。

トクヴィルのいう個人主義は、私たちがふだん理解しているものとはいささかことなります——この問題は、あとであらためて採りあげます。それでも利己主義と区別してデモクラシーの社会に固有のものとする点に、彼の思考の特性を見ることができます。そしてこのような意味での個人主義に「集団的」という修飾語を付して、それがアンシァン・レジーム期にすでに胚胎していたと指摘する著者は、平等の拡大した状況が人間の思考にどのような影響をおよぼしていたのかを、明確に指し示しているのだと考えることもできるでしょう。

集団間の羨望と憎悪

集団的な個人主義に陥ったアンシァン・レジーム期の人びとは、自身の所属する集団の利害以外には無関心でありつづけます。障壁はたえず強力なものとして存在します。しかし平等(の可能性)がひとの意識を支配することにより、この障壁を越えて社会的な上昇を渇望する傾向もまた顕著になります。集団的な個人主義に閉じこもることに加えて、階級間の羨望や憎悪がこの社会では拡大するばかりです。

絶対君主政の手で政治権力を剝奪され、もはや出自による差異しか残されていない、カーストにとどまる貴族身分は、自分たちの存在意義を確認するために免税特権に執着しています。他方で同じ絶対君主政で国家財政を支えることを目的に設けられた売官制度により、ブルジョワも国家に金銭を支払うことで名目上の官職を得られるようになります。以前よりも豊かになった彼らのあいだでは、しだいに知識＝啓蒙も広まってきています。

こうして社会の平準化は進むかに見え、第三身分のあいだでは「虚栄心」や「地位への情熱」が生まれてきます。しかし実質を失っているとはいえ身分の障壁は依然として存在するので、平民の貴族階級にたいする憎悪はむしろ以前にもまして大きなものとなります(二―一〇)。不平等な社会ではどんなに大きな不平等にもひとは耐えることができるが、平等が広まるとどんなわずかな不平等も許しがたいものになるという、前の章で見てきた平等の力学が作動しはじめているのです。

貴族身分と平民身分とはたがいに分離され、各自の利益にしか関心を示さないでいますが、両者はまた農民からも隔絶した状態にありました。地方に住む貴族はもはや自身の領地の統治権とともに統治への関心も失っていますが、残されたわずかな特権にしがみついています。ブルジョワもまたその多くが都市に住まい、農村のことを気にかけようとはしません。この章のはじめで紹介したミシュレの見解に一致するかのようですが、農民は「孤立と悲惨の奈落の底」にあったと書くトクヴィルは、ここに一七八九年夏に地方の農民が貴族の館を次つぎと襲撃する「大恐怖」の遠因を見ているようです(二―一二)。

貴族の自由回復

革命以前の時代が卑屈と依存のそれであったと考えるのはまちがいであると『アンシァン・レジーム』にあることを先に見ました。これにつづいてトクヴィルは書いています。なぜならそこでも自分がこの本を執筆している一九世紀の半ばよりはははるかに大きな自由が支配していたからであると。しかしそれは「階級の限界のうちに収縮した自由」、特権と結びついた自由です。つまり集団的な個人主義にとらわれた自由であり、「一種の奇妙な自由」(またしてもいつもの修飾語!)にすぎませんでした(二-一二)。それでも、第三身分が、また農民が立ち上がるよりも前に革命を開始するのは、トクヴィルによれば絶対君主政のもとで政治的権力を奪われたままになっていた貴族です。

彼らは「古い絶対権力にたいする新たな憎しみ」をもっており、僧侶身分やとりわけ平民身分出身の法律家と力をあわせて、全国三部会が「国民議会」と変わるさいにも合流します。「この情熱を最初に、まただれよりも激しく感じ取ったのは、フランス革命がむさぼらなくてはならない人びとであった。〔……〕他のだれよりも感動し、社会を動揺させて革命を開始したのは、下層ではなく上層階級に所属していた」と、第二巻のためのノートでは記されています。

この記述は著者がフランス革命には二つの段階があったとする、そのうちの第一段階に対応しています。貴族階級は、絶対君主政において自分たちのおかれてきた状況をやっと自覚しはじめたのでしょうか。ブルジョワの革命そして農民の革命に先立って「貴族の革命」があったことを二〇世紀になって論じるのはジョルジュ・ルフェーヴルです(『一七八九年——フランス革命序論』高橋・柴田・遅塚訳、岩波文庫)。トクヴィルはこの貴族革命の概念を先取りするかのように、貴族がアンシャン・レジームをとおして奪われつづけた自由の回復をめざしたのか、フランス革命の端緒であったことにも注目するのでした。

未完の第二巻

『アンシャン・レジーム』は第一巻が公刊されるだけで終わってしまいました。ひきつづき準備されていた草稿によると、第二巻はフランス革命に先行してヨーロッパで広まった「激しく不安定な精神の動揺」について語るところからはじまるはずでした。平等への期待と不平等なままにとどまると見える現実とのあいだの軋轢《あつれき》に由来する、とまではありません。それでもトクヴィルはアメリカの独立革命や当時生まれつつあった秘密結社に加えて、ゲーテの『ヴェルテル』(シャトーブリアンの『ルネ』の先駆けです)などの文学にも言及しながら、革命直前の人間の揺れ動く不安定な精神状態について論じています。

それぞれの階級、身分に属する人間が、実際にはたがいに似かよい画一化しつつ、しかも隔絶し分裂した社会を構成しながらも、しかし同じ時代の精神を共有している。これらのどの点にも根柢では諸条件の平等が影響をおよぼしている。フランス革命もまた、やがて「アンシャン・レジーム」と呼ばれることになる社会で進展した平等の力学とけっして無関係ではないところからはじまったのだと、トクヴィルは考えていたのです。

第4章

部分の消失

― 分離する個と全体 ―

ドーミエの描いた外務大臣の頃のトクヴィル

セヴィニェ夫人の手紙

セヴィニェ夫人(一六二六—九六年)の残した書簡は、今でも読みつづけられている一七世紀文学の古典です(プレイヤード叢書に三巻本で収録されており、井上究一郎訳の『セヴィニェ夫人手紙抄』が岩波文庫から出ています)。生まれた翌年に父が戦死し、数年後には母も亡くなり、一八歳で結婚した相手は家庭を顧みることなく、あげ句の果てに色恋沙汰に発した決闘で命を失ってしまう——そんな境遇にあったからでしょうか、夫人が、とりわけ娘に宛てた手紙はどれも優しい心根であふれたものばかりです。

ところがそんな彼女の手紙のなかには、のちの時代の者からすると「残酷」とも思える記述がないわけではありません。一六七五年、新たに設けられた税に反抗して、ブルターニュで一揆が起きます。反乱はすぐさま鎮圧され、多くの者が車裂きや縛り首で処刑されるのですが、その報《しら》せを夫人は娘に向けてこと細かに伝えているのです。トクヴィルはしかし『デモクラシー』の第二巻で書簡を引用しながら(この手紙は残念ながら『手紙抄』には採録されていません)、彼女が「利己的で野蛮な人物だった」と判断するのはまちがいであるといいます。

というのも、セヴィニェ夫人の他者にたいする共感と同情は、彼女がいる狭い世界のうちにかぎられたものであって、外部にある人間の苦しみにまでは及んでいなかったからです。アリストクラシーの時代の人間には「身分の違う人々が何を感じているかよく理解できず、自分にひきつけて他者を判断する術がない」(II 三-一)。残酷、野蛮また利己的であるという印象を夫人についていだくのは、むしろ今日の私たちの感受性(他者にたいする思いやり)の届く範囲が当時にくらべていっそう広いものになっているからなのです。

共感のありか

それでは階層構造に支えられた社会を脱け出し平等になった人間の共感は、どのようなところにまで達するのでしょうか。「民主的な世紀には、人が人のために身を犠牲にすることはめったにないが、人類全員に広く思いやりを示す」(II 三-一)。諸条件の平等が進み、そのなかで相似化した人間は、自身が所属する地点を人類のなかに見いだすことになります。いかなる人間も人類の一員であると考えるからこそ、他者のこうむる苦痛を自身の苦痛として受け止めるようになる。習俗を穏和なものに変えるのは文明と啓蒙である以上に平等なのでした。

すでに見てきたとおり、平等が支配する社会の内部では人間の移動がたいへん頻繁になります。そこでは「人々は性急な欲求に駆られて、絶えず居所を変え、さまざまな国の住民が混じり合い、知り合い、話を交わし、金のやり取りをする」。その結果ひとはたがいによく似た存在となる。あるいは神が存在してこの世界の人間を眺めたならば、全体が一つの巨大な社会を構成しているように見えるかもしれない。ここから「人類の姿を初めて明確に浮かび上がらせる」という事態が生まれてきます(Ⅱ 一-一七)。

平等の進展にともなう「商業の精神」あるいは商品や貨幣の交換にもとづく利益の追求は、人間の習俗を穏やかなものにかえてゆきます。交易にかかわる人間たちは国籍を超えた対等な立場にあります。この対等な立場を担保しているのは、彼らがともに人類に属しているという認識です。感受性や交換における規則に加えて、なにが正しくてなにが不正であるのかという人間の良心、道徳にかかわる尺度でさえが「人類の普遍的欲求」に求められることになります(Ⅱ 三-一八)。

法による正義の実現もまた「人類普遍の社会」を代表して実践されることになるとは、すでに『デモクラシー』の第一巻でも語られていました(Ⅰ 二-七)。一七八九年の「人間と市民の権利の宣言」にある「人間」は「人類の一員」と読みかえることができます。それが人類普遍の社会を代表する正義の実現です。これまで無視されてきた、またこれからも踏みにじられる可能性がないわけではない権利を充全に保障し、人間のあいだで生じる紛争の解決を可能にする審級は人類のほかにはありえません。

だが他方でまた、「人類の姿」が登場するとき、そこからはある種の具体的なものが欠落してゆくのも事実です。トクヴィルによるとアリストクラシーにあっては、ものごとを一般的に思考する習慣が欠けているため「人が思い浮かべるのは特定の人々だけであって、人間一般ではない」のでした(Ⅱ 一-三)。ここで訳者の松本さんが「特定の人々」と訳しているのは元の言葉では certains hommes つまり「いく人かの人びと」といいかえてもよいものであり、「人間一般」は l'homme つまり「人間というもの」です。

この二つの言葉の使いわけは「人間と市民の権利の宣言」に代表されるフランス革命の政治的思考を批判した、ジョゼフ・ド・メストルの次のような言葉を思い出させます。「世界に人間というものは存在しない。私はこれまでにフランス人、イタリア人、ロシア人を見てきた。〔……〕だが人間というものには生涯のうちで出会ったことがないと断言する」(『フランスにかんする考察』一七九七年)。ここには革命期の県制度の創設に人間を抽象的な人口として扱う視点を見いだしたバークにつながる観点があります。

埃と化した社会

こうした「人間というもの」、人類という抽象的な観念に依拠した思考というのは、いったいどのようなものなのでしょうか。また人類という全体の外部には、それを超えたなにものももはや見あたりません。どんな社会集団も外部と区別されることによってその存立が認識されるのであるとすれば、人類という「集団」は社会的に識別のしようがなく、したがってまたその内部での結束はいかなる手段によってもなんら保障されることのない集合体にすぎないということになります。

自分と同じく人類に属する他者は自分と相似しているだけに、一般的な同情や共感の対象とはなります。しかしその共感から具体的な結合関係は生じません。人類の一員である人間は日常生活においては、社会から孤立し、砂粒のような状態におかれています。『デモクラシー』を高く評価し、トクヴィルを「一九世紀のモンテスキュー」と呼んだ政治家のロワイエ＝コラールが、一八二二年に議会で出版の自由をめぐって行った演説のなかの表現にしたがうなら、そこには「埃と化した社会」が存在するばかりです。

あるいはトクヴィル自身の比喩を用いるなら、アリストクラシーにおいてはすべての市民が「下は農民から上は国王に至る一つの長い鎖」に結びつけられていた。鎖が上から下に向かって垂れているということは、いうまでもなく人間の関係が不平等な状態にとどまっていることを意味します。平等の拡大とともに、この鎖は崩壊して、一つ一つの輪がばらばらになります（Ⅱ 二-二。この鎖のイメージはすぐあとでまた重要になりますので、忘れないでいてください）。

トクヴィルの個人主義

原子化した個人の感受性は人類にまで拡大する一方で、その関心は自身とその周辺の少数の人間（家族や友人）にしか向かいません。具体的な人間関係やさまざまな部分社会にたいしては、全般的な「アパシー＝無関心」が広がってゆきます（Ⅱ 四-六、補説H）。これが前の章でも少しふれた、トクヴィルのいう「個人主義」、いずれは利己主義に帰してしまうかもしれないけれど、さしあたりはこれとの区別が必要な個人主義です。

自分たちの父祖は個人主義というものを知らなかったと、『デモクラシー』でも『アンシャン・レジーム』でも語られるとおり、個人主義は一八二〇年代の後半になってはじめて用いられるようになった言葉です（アカデミー・フランセーズの辞書に入るのは一八三五年、つまり『デモクラシー』第一巻の刊行と同年）。「世界と共に古い悪徳」である利己主義は著者によれば、個人がその利益を外部に向けて過度に主張する傾向を意味しますが、個人主義は反対に、外部から切り離されて自身の関心へと内向してゆく性格のものです。

トクヴィルの個人主義は、今日私たちが理解しているのとは少しことなることに注意しておきましょう。たとえば社会学者のスティーヴン・ルークスは、個人主義を構成する要素として一一のことがらをあげています（『西洋思想大事典』平凡社、一九九〇年）。そのうちこの観念が展開される領域（政治や経済など）にかかわる六つのものを別にすると、人間の尊厳、自己発展、自律、プライヴァシーそして抽象的個人の五点が残ります。最初の二つは『デモクラシー』で述べられる個人主義にふくまれているとは思えません。せいぜいのところがプライヴァシー、それに個人を抽象的なものと見る考えかたでしょうか。それはある意味でたいへん消極的な個人主義です。

トクヴィルのなかで利己主義と個人主義は、関心＝利益を追求する方向についていえば、ちょうど逆を向いています。しかし外部にたいして個人の尊厳を主張しその発達と自律をめざすのではなく、どこまでも私的な、また具体性に欠け不確実な世界に閉じこもろうとする点でも、ふつうこの言葉から考えることのできるものとは逆方向の、きわめて特異な個人主義です。それを生みだすのが、著者によれば平等にほかならないのでした。

空虚な中間の領域

アリストクラシーにおいて、各自は社会の階層構造のなかのどこかに位置づけられ、その位置は変わることがありません。そこではひとは特定の他者と結びつき、他者のためには自己を無視し犠牲にすることも場合によってはありえた。他方でデモクラシーでは人類としての義務は明確に認識されるかもしれないけれども、特定の人間にたいする義務感は希薄になる。「人間的感情の絆は広がり、かつ緩む」のです(II 二-二)。

デモクラシーが「究極の限界」にまで達した西部諸州の地に「住民はすでにいるが、社会はまだ存在しない」というのが、合衆国を周遊したトクヴィルの一つの結論でした(I 一-三)。社会が存在していないというのは、そこでの人びとのあいだに社会的な紐帯がいっさい見られないということです。彼らは独立しているのですが、独立は孤立でもある。相互のあいだでの交流は見られそうにありません。

一方で人類という全体、しかも具体的な姿が見えるにはあまりにも範囲が広すぎる全体に依拠する、共感や善悪をめぐる価値判断。他方でできるかぎり他者から離反し孤立し、せいぜいのところ家族や数少ない友人からなる小さな世界に引きこもろうとする傾向――個人はこの二つの方向に引き裂かれることになり、両者をつなぐ確実なものはなにも見あたりません。全体と個の中間に存在しているはずの「部分」はどこにも見あたりません。

民主社会では、市民一人一人は通常とても小さな対象、すなわち自分自身のことを考えるのに忙しい。目をもっと上にあげてみても、社会という広漠たるイメージ、あるいは人類というさらに大きな形しか目に入らない。きわめて個別的で明確な観念か、おそろしく一般的で極度に漠然とした観念しかもてず、中間の領域は空っぽである。（Ⅱ 一-一八）

トクヴィルはしかし、この空白になっているという「中間の領域」をアメリカに、いや少なくともニュー・イングランドのうちに発見してもいました。

限嗣相続の習慣

一八三一年七月、オネイダ湖に立ち寄り、また「荒野の一五日間」を経て、トクヴィルとボーモンはさらにカナダへと向かい夏をすごしますが、そのあと九月にはニュー・イングランドのボストンへ戻り四週間ばかり当地に滞在します。

あらためて整理しておきますと、アメリカ人の利益の追求と精神の焦燥についてニューヨークから友人に宛てて書いていたのが六月。ニューヨークでもすでに少しは情報をえていた、オハイオ州以西で人間の激しい移動がはじまっているということを再度耳にするのは、ボストン滞在がほぼ終わりかけた時期。そして一一月にフィラデルフィアでも同じことを聞き、翌月にはまさにそのオハイオ州のシンシナティに彼らは到着しています。

ボストンで知ったのはまず、マサチューセッツ州では土地財産は均等に相続されず長子が単独で引き継ぐ、限嗣《げんし》相続の習慣が残っているということでした。『デモクラシー』では諸条件の平等と、家産が兄弟のあいだで平等に分割され相続される(したがって財産の小規模化が進む)均分相続とのあいだには深い関係があるとされます(I 序文および一-三)。それでも植民初期には支配的であった限嗣相続が独立革命後にはしだいに廃止されたが、遺書の効力を認めることで、フランスとはちがって均分相続を全面的に実現しているわけではないことが補説で挿入されています。

従来の家族社会学では家族を核家族、直系家族、拡大家族の三類型にわけて考えるのがふつうでした。そのうちの核家族をフランスの北部地域に特徴的な「平等主義核家族」とアングロ・サクソンの世界に見られる「絶対核家族」に区別するという、画期的な観点を示したのが『第三惑星——家族構造とイデオロギー・システム』(一九八三年。荻野文隆訳『世界の多様性——家族構造と近代性』藤原書店、二〇〇八年に再録)のエマニュエル・トッドです。両者は父親と子どもの関係がより権威的ではない点で共通しているのですが、財産について平等主義核家族では均分相続が採用されるのにたいして、絶対核家族に見られるのは特定の兄弟(多くの場合長子)

が相続する限嗣相続の慣習です。

著書の副題にもあるように、家族構造と社会で支配的な思想との関係を考察するトッドは、ヨーロッパでもかぎられた地域にしか存在しない平等主義核家族にかかわるさまざまな事象を、一括して「デモクラシー」と呼んで、その運動を普遍的なものと見なすトクヴィルには必ずしも賛成していません。この点について詳しい議論を展開するのは控えますが、おそらくは本国のイギリスからニュー・イングランドに伝えられた限嗣相続の制度に目を向けるトクヴィルは、トッドのいう絶対核家族に対面してはいるのです。

ところで問題はそのあとです。財産は長子が受け継ぐとして、それでは次男以下の子どもたちはどうするのかと相手に尋ねると、「彼らは西に向かって移住するのだ」という答えが返ってきます。ニュー・イングランドは、アメリカ人が西部への移動を開始し、デモクラシーの究極の限界へと向かう出発点です。ということは彼らの精神の焦燥の着火点ということにもなります。これはいささか皮肉なことです。「この事実には大きなことを考える余地がある」という感想がボストン滞在時の手帳に記され、『デモクラシー』にも登場します(I 二一九)。

タウンシップへの注目

その同じマサチューセッツ州が「小さな共和国の連合体」のようなものになっているとも、トクヴィルは別のところで聞きます。小さな共和国とは地域の共同体のことです。州はいくつかの郡にわかれ、さらにその下にはタウンと呼ばれる制度が存在しています。『デモクラシー』で格別の注目を受けるのは、この制度「タウンシップ」です。

ひとは人類という広漠な全体とごく小さくて無力な個とのあいだで引き裂かれていますが、この人間の意識のありようを現実の社会の統治の次元に移しかえたとき、外部をもたない人類は社会集団ではありえません。そのかぎりで最大の規模の全体社会は国民社会(あるいはアメリカの場合なら連邦制度)だということになります。その意味での「全体」と個のあいだに位置する「部分」がタウンシップです。

タウンを構成するのは、トクヴィルによれば二〇〇〇から三〇〇〇人の住民。タウンには実現しあるいは解決すべきさまざまな事案がありますが、これについては住民の集会が開かれ、そこで決定した意思が反映されます。具体的な課題の実現ないし問題解決にあたるべき公職に就く者が選ばれます(彼らは期限を設定して改選され交代します)。共同体の問題はほとんどすべて、その内部で処理が可能です。「全体」とは別に自立した「部分」が生きているのです(I一-五)。

こうした地域の共同体の「自治」が尊重されるかぎり、そこに州政府が介入する余地はありません。州がかかわるのは複数のタウンのあいだにわたる利害の調整にとどまります。ましてや連邦政府が直接に関与するべきことがらは存在せず、またアンシァン・レジーム期のフランスのように、国家の行政権力が全国に滲透するといったことは考えられません。アメリカには政治的な中央集権化はあっても、行政のそれは存在しないという前の章で見てきた事情も、根本的にはこの地方自治の精神に関係しています。

中間としてのタウン

こうした共同体は自由にとって「学問に対する小学校」と同じであるとトクヴィルはいいます(I 一-五)。また合衆国ではひとが祖国を愛する気持ちが広まっているのを感じ取ることができる。しかしこの「祖国愛」はまずはひとが実際に生活する土地にたいする愛情からはじまり、それが連邦全体にまで断絶することなくつながるものになってもいます。その意味でもタウンは「アメリカのデモクラシー」の原点であり、あるいは個人を全体につなぐことによって、全体と個人とのあいだの中間領域という重要な社会的役割を果たしています。

「一人一人が弱体で、しかもいかなる共通の利害による個人の結合もない国で、どうして圧政に抵抗できよう」(I 一-五)。ここで著者は、諸条件の平等とともに進行する社会的紐帯の脆弱化をあらためて確認しています。デモクラシーにおける結合関係の希薄化がこの地に残された相続制度に起因しているというのがいささか皮肉ではあるのですが、しかし社会的結合の原点を求めるがゆえに、ニュー・イングランドのタウンシップがもちうる意義に眼が向けられるのです。

結社への関心

このタウンの自治に加えて、著者が社会のなかの重要な中間領域として関心を示すのが、この国にさまざまなかたちで多数存在しているという結社です。「結社の力はアメリカでは最高度に達している」と、フィラデルフィアさらにはバルティモアにいたる行程での手帳には記されます。これまで思ってもみなかった結社に出会ったという記述も『デモクラシー』にはあります(Ⅱ 二-五)。もっとも、具体的な結社の例は意外と少なく、どこかの町で見たらしい禁酒協会の様子や、バルティモアにあるワシントンの記念碑が部分的には結社の手で造られたといった記述が見あたる程度なのですが。

そんな結社が『デモクラシー』第一巻では、タウンシップと並んで平等の支配する状況で重要な社会的役割を果たすものとして注目されます。ニュー・イングランドのタウンシップを紹介する著者によれば、先に見てきた地域の共同体も「自然のうちに存在する唯一の結社」でした。アメリカの政治結社にふれるトクヴィルは、アリストクラシーでは「二次的な団体が権力の濫用を抑制する」機能を担っていたが、そのような「防波堤」が消滅したデモクラシーの社会では、同様の役割が政治結社に期待されるのだといいます(Ⅰ 二-四)。

媒介としての結社

ここで結社には、諸条件の平等が進むことで相似化し無力化して砂粒や埃のようになった個人の意見が、より広い世界で充分に表明され伝達される機会を保証されること、したがって個を全体へと媒介する経路となることが期待されています。このような経路の確保は、出版の自由をはじめとするさまざまな社会制度とともにデモクラシーの良好な発達のために必要不可欠なものであるとトクヴィルは考えていました。

さらに第二巻に移っても、著者は結社の果たすべき役割にあらためて注目します。場所でいうと第二部のはじめに個人主義について語った直後、アメリカ人が「自由の諸制度」を用いて個人主義と闘っているさまを述べた章につづいて、「アメリカ人は年齢、境遇、考え方の如何《いかん》を問わず、誰もが絶えず団体をつくる」とあります。その活動の目的や規模、内容はさまざまであるが、これらの結社が孤立し無力な市民がなにかの事業をなすさいに不可欠の存在となっている。

アリストクラシーにおいては、王権と臣民の中間にある貴族集団が、社会のさまざまな事業を推進する、その中心的な存在となっていました。平等が拡大した社会でこれにとってかわるのが結社なのです。デモクラシーにあっては「結社の学問は母なる学問である。他のあらゆる学問の進歩はその進歩に依存している」とまでトクヴィルはいいます(Ⅱ 二-五)。ここで『デモクラシー』の冒頭に戻りますと、「すべてが新しい世界には新たな政治の学問が必要である」と著者は語っていたのですが(Ⅰ 序文)、この五年を隔てた二つの表現を並べてみるなら、結社＝結合関係にかかわる学問が、つまり現代の言葉でいえば社会学が、といってよいでしょうが、新しい時代の学問の根幹をなすと考えられていたのだと見ることもできるでしょう。

このように論じられる結社はあくまでも市民が多様な目的で自発的に形成するものですが、そうした市民の結社との関係で政治的な結社が果たす役割についてもトクヴィルは言及します。

政治結社と市民の結社

市民のあいだで共通する利益の実現は、当然ながらタウンという共同体や州、さらには連邦制度などいくつもの水準での問題にかかわり、したがってそれは本来的に政治的な性格を帯びないわけにはゆきません。しかしこうして市民の結社が政治的な結社につながる以上に、後者は前者にたいして大きな意味をもっています。

市民は政治に関与することで私生活の外に引き出される。私生活の外部へ出ることでひとは他者との協力を学ぶことになる。「政治は結社活動の好みと習慣を一般化」してくれる。「政治的結社はだからすべての市民が結社の一般理論を学習しに来る無料の大きな学校と見なすことができる」――タウンシップが自由にとっての小学校であったのと同様に、ここでも学校のメタファーが登場する点についてはあとでもう一度ふれることになりますが、とりあえずは、新しい社会に必要な政治の学問の中心が結社の学問であり、それが学習されるのは政治結社においてであると、ここでは考えられているのです(Ⅱ 二―七)。

「政府の不在」

合衆国から戻ったあと一八三三年に、また『デモクラシー』の第一巻が出た直後の一八三五年にも、トクヴィルはイギリスへ出かけています。この国においても行政の中央集権はほとんど不在であり、したがって地方の政治は地方の自治に任されていること、またさまざまな種類の結社が形成されていることを知り、自身がアメリカで、いや少なくともニュー・イングランドで経験したことが本国の政治的伝統に由来していることを確信することになります。

彼はしかし、イギリスへ来てある種の微妙な問題の存在に気づきます。この国でもデモクラシーが進行していることはまちがいがない。したがって前に見てきたとおり、フランスにおけるのとはことなるけれども、個人主義も胚胎しており、この個人主義と結社の精神とのあいだでは、どのようなおりあいをつけることができるのか。結局のところイギリス人の性格の根柢にあるのも個人の精神であり、結社は個人の利益を実現するための「手段」にすぎないのではないかと、トクヴィルは疑いもします。

マサチューセッツ州は「小さな共和国の連合体」であるかぎりにおいて、中央の政府は不在ともいうべき状態にありました。イギリスでも行政的な中央集権が存在していないという点では政府は完全に不在です。この「政府の不在」という言葉は、一八三六年の夏になってスイスへ出かけたさいに、「各郡は存在するが、スイスというのは存在しない」とノートに記すとき、この国では政府の不在は耐えがたいものと考えられてはいないと、もう一度登場します。トクヴィルによれば、地方単位として郡という「部分」がただ存在するだけでは充分ではありません。自律が確保されていなければ、部分はいかなる役割も果たせないからです。またスイスでは「フランスと同様に」結社の自由が保障されてもいません。

社会のなかで部分が大きな意味を担いつつ存在しているアメリカ(少なくともニュー・イングランド)。その故郷ではあるけれども、部分はもはやたんなる手段でしかなくなっているのかもしれないイギリス。こうしたアングロ・サクソンの社会とはちがい、アンシァン・レジーム以来部分の消失したフランス。その隣国で部分は見られるが、しかしただ残存しているだけで重要な役割を果たしているわけではないスイス。トクヴィルの展開する「比較政治制度論」は多彩です。

結局のところ、部分や中間の困難は『デモクラシー』では次のように表明されます。「民主的国民にとって結社がこのように必要不可欠であるのはその社会状態のためであるが、不幸なことに、その同じ社会状態が他のいかなる国民の場合以上にこうした国民が結社をつくるのを難しくする」(Ⅱ 二-五)。社会のなかでの中間的な存在、部分的な社会は平等の進行する状況にあってぜひとも要請されることでありながら、その実現はたいへんに困難なものでもあるのでした。

中間的権力の破壊へ

『アンシァン・レジームとフランス革命』において、著者はあらためて社会における部分の消失、中間の困難に直面することになります。フランスではアンシァン・レジーム期をつうじて行政権力が集権化するにつれて、地方や都市がその

「後見下」におかれて次つぎと衰退していきました。ここにはすでに「部分の消失」をうかがうことができます。地方の貴族が保持していた政治権力を奪われて「第一の住民」にすぎなくなってしまい、「心の不在地主制」が広まったのも、中間的な存在の後退にほかなりません。

中央の行政権力は「あらゆる中間的な権力を破壊する」にいたります（二-六）。しかしアンシァン・レジームとフランス革命のあいだの連続、また後者による前者の隠蔽というトクヴィルの主題との関連では、いっそう重要な意味をもつ団体の消滅が企てられ、実現したことに注意しておきましょう。

テュルゴの試み

中世以来この国では国王の認可を受けた同業組合が業種ごとに存在し、職人や商人の活動を規制していました。そんな同業組合の廃止が、一七七六年の勅令で命じられることになります。『アンシァン・レジーム』でなんども言及されることになる（たとえば三-五、三-七など）同業組合の廃止は、実はほかならぬテュルゴ、別のところではトクヴィルが「行政の輩の父祖」と呼んでいる官僚の手で進められたものでした。

リムーザン地方の地方総監などを歴任したあと、一七七四年になって財務総監に任命されたテュルゴは、賦役制度の廃止、穀物取引の規制の廃止など、絶対君主政下でのたんなる政策というにはとどまらず、社会体制の根幹にかかわる重要な施策をいくつも立案します。この一連の政策につながるのが同業組合の廃止です。

「わが国のいかなるところにあっても〔……〕各人にとってよいと思われる商業および手仕事の職を実践することは〔……〕その性質や条件がどのようなものであれ、いかなる人物にも、外国人にたいしてでさえ自由である」というのが、一七七六年二月の勅令の冒頭で宣言されたことでした。したがってあらゆる商人や職人の団体、また親方身分とこれにともなう親方と職人とあいだの誓約関係は廃止されることになります(G・シェル編『テュルゴ著作集および関連資料』第五巻、一九二三年)。

こうした勅令の背景には、職業の選択と実践、さらには労働にかんする個人の自由という観念が見て取れます。時期を遡るならすでに一七五〇年代から、テュルゴは別の文脈においてですが、同様の観念を表明していました。彼はダランベールとディドロが編集する『百科全書』にいくつかの項目を執筆しているのですが、そのうちの一つ「財団」のなかにはこんな主張が見あたります。「いかなる人間も自身の労働によって生活の資を手に入れなくてはならない。」

さらに大切なのは、この個人の勤勉を妨げている障碍が存在するとすれば、それを破壊し除去するのは国家に課せられた使命であると彼が述べている点です。ちょっと説明が必要ですが、ここでいう「財団」とは教会に付属して救貧事業などを行っている団体のことです。救貧事業は職をもてない貧しい人びとへの施しを中心になされているが、施しはむしろ彼らの労働意欲を妨げ、かえって怠惰を生みだしているというのがテュルゴの財団にたいする批判の根拠となっています。

同じテクストを引用しながら、二〇年後に提起されることになる「社会のなかの障害物となっている同業組合の撤廃」を「社会の外側の境界の絶対的な束縛をしめしている監禁の撤廃」に重ねて読み取ろうとしているのがミシェル・フーコーです（『狂気の歴史――古典主義時代における』田村俶訳、新潮社、一九七五年）。つまりテュルゴは、国家が個人の自由を実現するために、社会の中間地帯を越えて作用することを提案しているのであり、この点で彼にとっては救貧団体も同業組合も等しく否定されるべき「部分」であり障碍であることがわかってきます。

鎖の解体について

『アンシァン・レジーム』に戻りましょう。同業組合にも問題がなかったわけではないが、そのすべての悪の責任を中世に押しつけるのはまちがいであると、トクヴィルはいいます。「まちがいである」という表現にはいつもながら、アンシァン・レジームの真の姿が革命以後隠されることになったとする彼の思いが反映しているようです。しかし同業組合は、たしかにその長い歴史のなかでそこに参加する人間の結合関係を保証し、彼らの統制を実現するとともに相互の扶助を可能にしてもいたのでした（二－一〇）。

社会のなかで重要な役割を果たしていてもよい、そんな「部分」が、一七七六年になってテュルゴの手で廃止され姿を消そうとしていたのです。もっとも、財務総監の意図はさまざまなところから激しい反対を受けることになります。

フランスの君主政のもとでは、国王の発する法令は高等法院に登録されなければ効力をもちません。『法の精神』のモンテスキューが「中間的、従属的そして依存的な諸権力が君主政体〔……〕の本性を構成する」として、その存在意義に注目する「法の保管所」です（第二編第四章）。つまり高等法院は中央集権化の進んだアンシァン・レジームでかろうじて残っている、国王と国民のあいだの「中間部分」なのですが、法令の登録が拒否された場合、国王はヴェルサイユからパリに出向いて「親臨《しんりん》法廷」という名の一種の儀式の場を設けて法令の強制登録を行います。

同業組合の廃止を提起する勅令についても開かれたこの法廷で、高等法院の代理訴訟官が勅令を批判して、次のようなことを述べている点に注目できます。彼によればフランスの社会は無数ともいうべき多様な団体が緩やかに結合することで成り立ち、団体のそれぞれは「大きな鎖をなす輪となっており、最初の輪が陛下の手のうちにある」。同業組合の廃止はこの鎖の解体を意味し、それは個人を孤立させ、剝きだしの利己心を生みだすことになるだろう（J・フランメルモン編『一八世紀パリ高等法院建言集』第三巻、一八九八年）。

『デモクラシー』執筆当時のトクヴィルがこのような言説の存在を知っていたのかどうか。あるいは鎖のメタファーはこの国の広い範囲で共有されていたものなのでしょうか。仮に六〇年を隔てた同一のメタファーの使用が偶然のものであったとしても、テュルゴの提案にふくまれる本質的なことがら、つまり部分の消滅という事態が、自身が代理訴訟官という二次的・中間的な権力の担い手である人物の口から明らかにされているというのは、たいへん興味深いことです。高等法院の主張が受け容れられたわけではなく、結局テュルゴが夏になって罷免されるからなのですが、同業組合の廃止はこのときは実現しません。

「中間」に対する革命の敵意

ところが、一七七六年の勅令はフランス革命を準備するものであったと、トクヴィルが『アンシャン・レジーム』のためのノートのなかに記しているとおりのことが起きます。一七九一年になって当時の立憲議会では、提案した議員の名をとって「アラルド法」として知られる、同業組合の廃止にかかわる法令がさしたる抵抗もなく成立します。提案のさいのアラルドの演説では、このたびの法令は旧制度下では実現しなかった「哲人大臣」つまりテュルゴの遺志を受け継ぐものであると言明され、やはりこの点でもアンシャン・レジームとフランス革命とは連続しているのでした。

アラルド法、そしてこれにつづいて労働者の団結を禁止した法令、マルクスが『資本論』(第七編第二四章)で指摘して以来ごく評判の悪い、いわゆる「ル・シャプリエ法」について、トクヴィルは直接に言及してはいません。しかし革命初期に政治にかかわった人びとの著作を読んださいのノートでは、彼らが「中間的な権力」にたいしていだいた敵意にしばしば注意が向けられます。このアンシァン・レジームから受け継がれた敵意こそが、二つの法令の成立を容易にしたのでした。

たとえばトクヴィルも言及しているラボー・サン＝テチエンヌは、「専制の進展を阻むうえでの中間権力の必要」といわれることには疑い検討する余地がある、また「団体の精神というものはまちがっている」などと論じています（『第三身分の利益についての考察』一七八八年）。ここで「団体」という概念には貴族で構成される高等法院、同業組合など、社会のさまざまな部分が含意されています。しかし、ラボーが断片的にしか表明していない部分にたいする敵意を体系的に展開していたのが、政治を数の計算に還元したとトクヴィルのいうシエイエスなのでした。

シエイエスの「三つの利益」

『第三身分とはなにか』の終わり近くになって、シエイエスは社会には三種類の利益が存在すると論じます。市民全員にかかわる「共通の利益」、かぎられた数の市民の結合から生じる「団体の利益」、孤立し自身のことをのみ考える「個人の利益」です。この最後のものは利己主義につながりますが、しかしそれらは社会のなかで主張されるときには、たがいに打ち消しあうことになるので重大な結果は生じません。共通の利益はまさに彼が実現しようとしている国民社会で追求されるべきものです――「一つの社会には一つの一般的な利益しかありえない」。

個人と全体の中間に位置する団体の利益はシエイエスによれば、一方で個人の自由な活動の障碍となるとともに(先のテュルゴの議論を思い出してください)、他方で全体にたいしては分裂をもたらすものです。「構成員に対しては一般的であるが、国家に対しては特殊的である」ような部分的な結社の危険については、すでにルソーが『社会契約論』で指摘するところでした(作田啓一訳、『ルソー全集5』白水社、一九七九年)。そうであるからこそルソーは「部分社会の数をふやし、その間の不平等を防止」する必要があると考えたのですが、ところがシエイエスは中間的な団体を社会から除去しようとします。

ラボーやシエイエスたちの議論は、このときの最大課題の一つであった政治的代表制の問題に関連しています。古代の都市国家とはちがい広い国土に多数の人口を擁する社会にあっては、国民の手で選出された代表が議会に集まり共通の利益にかかわる法をつくる手つづきが採用されます。それが政治的代表制です。しかし「代表制度は中間的権力を必要とはしない」(ラボー、前出書)。それどころか部分の利益の存在は、全体を代表する議会の、またここで制定された法を執行する行政機関の活動の妨げとなります。

中間排除の諸法令

同業組合を廃止しさらに労働者の団結を禁止する、革命初期の議会のいくつかの法令は、こうした中間にたいする敵意を理論的な根拠としていました。「もはや、国家のなかに同業組合はないのである。各人の個人的な利益と一般的な利益の外にはもはや何もない。市民に中間的利益を教え込んで、同業組合の精神によって市民を公の事物から分かつことは誰にも許されない」(河野健二編『資料 フランス革命』岩波書店、一九八九年)。こうしてル・シャプリエ法は認められるのです。

さらには、その頃から簇生《ぞくせい》しつつあった民衆協会と呼ばれる一種の政治結社にも彼らの攻撃は及びます。同じ一七九一年の九月、またしてもル・シャプリエの提案によるものですが、民衆協会の活動を制限する法令も可決されることになります。一七九一年は革命期に一貫して確認できるとされる「市民の集団編成にたいする不信」(リュシアン・ジョーム『ジャコバンの言説と民主政』一九八九年)を集約的に現わした年として記憶しておいてよいでしょう。やがて四年後、フランス革命が出した三つ目の憲法である、いわゆる「共和国第三年憲法」には「公共の秩序に反する団体も結社も形成されてはならない」(第三六〇条)、また「いかなる市民の集会も民衆協会と呼ばれてはならない」(第三六一条)などの文言が挿入されます。

ブリッソの反論

ただし、たび重なる結社への攻撃にたいして、反論する者が一人もいなかったというわけではありません。その数少ない一人が、ル・シャプリエの民衆協会にかかわる法令が上程されたとき、協会に集まった人びとが政治について議論することの大切さを主張するJ＝P・ブリッソです。革命がはじまってまもないこの社会では、まだ「市民」が充分に存在しているとはいえない。市民は政治にかかわる議論をとおして形成されるのであり、その意味で協会は子供にとっての公教育に対応する「青年のためのすばらしい学校」ではないかと彼は問います（『愛国的・民衆的な協会の有用性について』一七九一年）。

民衆協会を学校にたとえる言説は同時期にブリッソの他にもいくつかありますが（I・ブルダン『革命期パリの民衆協会』一九三七年）、同じメタファーが『デモクラシー』のなかで政治結社について用いられることを知っている私たちには、たいへん大きな関心がもてるところです。この点については第六章であらためてふれます。トクヴィルはブリッソの演説を知っていたのではないかとさえいいたくなります。ブリッソは革命のはじまる直前にアメリカへわたってお り、知人との共著である『フランスおよび合衆国について』（一七八七年）には、彼の中間集団への関心はアメリカでの滞在に起源があるのではないかと思わせる箇所もあります。

たぶんこちらの本を読んでのことでしょうか、ブリッソがイギリスとアメリカで学んだこととその意義が、『アンシァン・レジーム』準備時のノートに記されています。学んだことの応用はフランス革命では不可能であったとはいいますが、シエイエスその他の革命家にたいするのとはいささかことなる評価です。こうしてアングロ・サクソンの社会での経験が、五〇年あまりを隔てて二人を結び付けているというのはたいへん興味深い。とはいえ、革命期にありえた「部分」への注視は当時の人びとの理解を得ることはできずに終わりました。自身が首領であったジロンド派がロベスピエールたちのモンターニュ派との党派闘争に敗北し、断頭台に登ることになるブリッソの運命が、中間集団の運命をも示しているといえるかもしれません。

社会のなかに部分はいささかも存在してはならない。これこそがアンシァン・レジームからフランス革命にまで伝えられる社会認識なのでした。「新たな事態とアンシァン・レジームとをおくらべください。〔……〕市民というただ一つの階級のみを構成するという考えは、リシュリューを喜ばせたことでしょう。この平等な地面が権力の行使を容易にするのです。」『アンシァン・レジーム』では一七九〇年にミラボーが国王に宛てた「覚書」のなかのこんな言葉が引用されています(一-二)。フランス革命がはじまって一年しか経過していない時点で、革命にかかわった中心的人物の一人が、部分が消失し画一化した社会をこのように認識していることは、同じ事態に気づいているトクヴィルの明敏とともに注目に値します。

部分のない地平

『デモクラシー』第一巻の翌年書いた論文「一七八九年以前と以後のフランスの社会と政治の状態」では「中間団体は無力であるか破壊されています。〔……〕陛下がご自身について耳にされるのは国民からのみです」とマルゼルブが租税法院の建言書で述べていたとされます。トクヴィルの曾祖父にあたるこの人物は、ルイ一五世の時代に出版局長をつとめ、このときには租税法院長でした。トクヴィルはマルゼルブの伝記を書こうと考えたこともあったようで、彼については高級官僚として彼の同輩であったテュルゴにたいするほどのきびしい批評を残してはいません。また、ここで租税法院長は中間団体の消滅を是認しているわけでもありません。それどころかマルゼルブがこれを書いているのは一七七一年の一月、中間団体として重要な役割を果たすべき高等法院や租税法院が、大法官モープーのクーデタによって閉鎖されるという、深刻な危機に瀕しているさなかにあってのことでした。中間団体が無力であるか破壊されているという言葉は、元のテクストにはありません。「分散した人民には聞いてもらえる機関がいっさいありません」(E・バダンテル『マルゼルブの建言書』一九八四年)などとする曾祖父の意を理解したトクヴィルが、いっそう明確な表現に変えているのです。ようやく租税法院などが復活したとき、院長はあらためて出す建言書のなかで、体制の中央集権化を批判して「国民全体をいわば職務停止にし、これに後見人を与えた」と書き、これは『デモクラシー』で引用されています(I 一-五、補説J)。

公衆と公論の存在

ただ、中間団体が消失した状況にあって、意見は国民から直接に聞くべきであるとされている点に、最後に少しだけ補足をしておきましょう。一七七〇年代のマルゼルブにとって、国民から聞くべき意見とは公衆のあいだで形成される意見、つまり「公論」のことにほかなりません。ところでこの公論は情報が活字印刷(新聞、書物)をとおして広い範囲で伝えられ、それにもとづいて形成されまた表明されるものでした。そうであるからこそ、それは確実なものであると認識されます。ここでの口頭による意見は直接のコミュニケーションによってなされるものではありません。公論を形成し支持している国民は全国に、あるいは世界中にまで「分散した」、眼では見ることのできない状態にあります。

ところで、一八世紀には「人口」という観念でもって社会を把握する学問が現われてくることに前章でふれましたが、この点についてフーコーが、一九七七―七八年度のコレージュ・ド・フランスでの講義で重要なことを指摘しています。人口は生物学的な側面では「人類」にまでつながり、社会学的な側面に注目すれば「公衆」にまでつながるものである(『安全・領土・人口』高桑和巳訳、筑摩書房、二〇〇七年)。つまり公衆が中間団体にかわって社会全体を代表する意見＝公論のありかとなるものだとされるかぎりにおいて、アンシァン・レジームからフランス革命にいたる連続のなかで、個と全体のあいだの中間部分の消失のさまが確実に明らかになってくるのです。

「中世は分裂の時代であった」とトクヴィルは『デモクラシー』第一巻の終末部分で語ります(I 二―一〇)。この分裂がスイスに残存しているのでしょうか。ニュー・イングランドでの継承のされようは少しことなるのでしょうか――タウンシップの起源は中世の農村の教区にあることを、『アンシァン・レジーム』の著者は二〇年前の経験を思い出すかのように語っています(二―三)。それでも、デモクラシーが全般的に進展するところでは部分が姿を消すことで、分裂は修復されるかもしれないけれども、画一的な世界がどこまでも広がってゆくのでした。

第 5 章

群れの登場

― 新しい社会と政治の姿 ―

1948 年 5 月，議会に乱入した群集(画：プロヴォスト)

1　都市へ

イギリスで見たこと

前の章でも少しふれましたが、一八三三年(つまりアメリカから戻った翌年)、一八三五年(『デモクラシー』の第一巻が出た直後)そして一八五七年と、トクヴィルは三度イギリスへ出かけています。一回目はやはり『デモクラシー』を執筆するにあたってアメリカ、とりわけニュー・イングランドで見てきた諸制度の起源を見ておきたいという動機が働いていたのでしょう。また二度目の旅行のさいには、すでに第一巻の書評を書き、著者に新たな論文の寄稿を依頼していたJ・S・ミルにも会っています。

イギリスに滞在し各地を回る(三五年にはアイルランドまで足を延ばしています)トクヴィルはしかし、この国で合衆国の政治制度の出発点以上に大きな問題に直面します。社会の工業化にともなう都市の環境の悪化、労働者階級の出現とその貧困という問題です。もっとも、彼がそれまでこうした問題の存在にまったく気づいていなかったというわけではありません。合衆国の政治と社会を見るのが本来の目的であったとはいうものの、それでも監獄制度の調査を口実にしたのは、犯罪の増加が「社会問題」として、この頃から広く注目されていたことと無関係ではありません。

アメリカへの渡航の許可を願い出たさいの書類は、文明が進展し人口が増加するにつれて犯罪も増加するという指摘からはじまっています。そこでは浮浪者の数の増加も言及されていますす（「監獄制度にかんする覚書」一八三一年）。前の世紀から問題がすでに認識されていた浮浪者とは、農村を離れて都市へ移住し、しかし職がなかった、あるいは職を見つけてもすぐにそれを失わざるをえなかった人間たちです。一八世紀以来の、そして一九世紀になってますます深刻になってきた問題に関心が向かう圏内にトクヴィルもボーモンもいました。

イギリスはフランスとくらべて、ましてやアメリカよりも早くから工業が発達しています。教科書その他でいつも語られる資本主義の歴史について、ここで詳しく語ることはしませんが、一七世紀からはじまるいわゆる「土地の囲い込み」によって土地を離れた農民が都市に移住して、過酷な条件のもとで工場労働に従事することになります。そんなイギリスへきて、トクヴィルは以前から知っていたことを直接に体験したのです。このときの見聞は滞在時の手帳に見ることができますが、さらに「貧困問題についての覚書」と題する論文がシェルブール学術協会の一八三五年の紀要に掲載されています。

労働者たちの貧困

イングランドの田園はまるで「近代文明のエデンの園」のようであると「貧困問題についての覚書」の冒頭部分にあります。よく整備された道路、清潔な住宅、健康そうな人びと……「あまねくゆきわたった繁栄の空気を大気そのもののなかで吸い込んでいる」ように思える。ところがいったん都市の内部に入ってみると、対照的な状況にあうことになる。実はこの国の住民の六分の一は極度に貧しく、慈善に依存せずには暮らすことができないでいる。

　自分はスペインやポルトガルへ行ったことはないけれども、書物などで知るかぎり、これらの国ではイギリスよりも貧しい生活が見られそうである。だがある統計によるとポルトガルでは貧者は住民二五人に一人であると、トクヴィルはつづけます。つまり人口比率でいうと、そこではイギリスの四分の一しか貧しい人間がいないことになります。フランスでも地方によって差があり、貧者が全人口に占める割合は、工業化が遅れ貧しい県よりも豊かな県のほうが高いとされます。

　こうした数字からまずは抽《ひ》き出されるのが「一方で裕福に暮らす者の数と、もう片方で生活のために公共の施しに頼る者の数とは比例して増加する」という命題です。論文のもう少しあとには「他の階級の安楽に大いに奉仕する労働者階級は、突然で取り返しのきかない不幸にさらされることが他の階級よりも多い」ともあります。安楽と貧困は平等の二つの側面であることが示唆されているように読めます。ただし社会が平等に向かう動きは、この論文では直接に採りあげられてはいません。

著者はむしろ北アメリカで出会った先住民に言及しながら、人間が土地所有をはじめて文明化することで不平等がはじまったという歴史について語ります。このあたりはジャン＝ジャック・ルソーの『人間不平等起源論』(一七五五年)を書き写したかとも思える記述がつづきます(ルソーはパスカルそしてモンテスキューと並んで、トクヴィルの愛読した作家でした)。この時代にこそ、トクヴィルによれば「ほとんどすべてのアリストクラシーの起源」がありました。

その延長線上にあるというべきヨーロッパの封建制も不平等な社会です。土地を所有せずに耕作する階級と耕作せずに所有する階級とが存在しています。前者は安楽を手に入れるのがむずかしかったけれど、細ぼそと暮らすことはできた。後者も時間的・金銭的な意味で余裕はあったが、それでも安楽を徹底的に追求するほどではなかった。そこでは「どこにも裕福はなく、いたるところに生活が存在した」。その封建社会がほころびだすにつれて、窮乏化した農民の多くが土地の耕作を放棄することを余儀なくされる。また工業生産に従事することでみずからも安楽を求めて、人口の大規模な移動がはじまります。

都市化と貧困

この『デモクラシー』第一巻と同じ年に出た論文の中心にあるのは、平等の進展ではなく人間の農村から都市への移動です。第一巻の序論にあった一二世紀以来平等がしだいに拡大してゆく歴史がここでは語られていないので、平等と安楽の追求、そして人口の移動とがどのような因果関係にあるのかは明らかではありません。ともあれ、都市へ出て工場労働による賃金でもって安楽を実現しようとする人びとの望みは果たされません。かつて裕福ではなくとも生活はあったという、その生活さえもが危ういものとなり、貧困と悲惨とが広がるばかりです。

一八三五年の旅行のおりに立ち寄った、当時イギリス有数の工業都市に成長していたマンチェスターは手帳のなかで「工業の巨大な宮殿」と形容されます。トクヴィルがそこに見るのは「何人かの富と大多数の悲惨」です。この対照は今しがた見てきた田園と都市部の対照と同じものです。製鉄所から聞こえる槌《つち》の響きや蒸気機関の汽笛は都市の活気を示しているようだが、しかしその工場が排出する「黒く深い煤煙が都市をおおって」いて、太陽は光線のない円盤にしか見えない。「こんなに胸の悪くなるような掃溜《はきだ》め」で人間の精神は完成するのであり、「文明化した人間はほとんど野蛮状態へ戻る」のだとまで記されます。

視点の限界

もっとも、トクヴィルが都市の労働者階級の貧困と悲惨を外からしか眺めていないという「限界」はいなめないところです。アメリカの監獄制度を調査したときもそうでしたが、彼は主に社会の上層の人びとをとおして情報を入手しています。旅行の途次で社会の現状を眼にしないわけではありませんが、その内側にまで滲透して観察を行うことまではしていません。みずからの経験を的確に「理論化」するのがトクヴィルの功績ではあったのですが、社会の現実の内部に踏み込んで調査を実施するというのは彼の意図するところではありませんでした。

トクヴィルと同時代、一八三〇年代から四〇年代にはイギリスでもフランスでも、工業化のもたらす貧困や犯罪などの問題への関心にもとづいた調査の試みが続出しています。ポルトガルの貧困をめぐる統計が先の「覚書」で引用されていた、ヴィルヌーヴ・ド・バルジュモンの研究もその一つです。フランスでもっとも有名なのは、ルネ＝ルイ・ヴィレルメが各地の繊維産業の労働者の生活状態を調べた『労働者の身体的・精神的状態の一覧表』（一八三八年）でしょうか。医師の出身であるヴィレルメの社会調査も、結局は上からの視点でなされたものにすぎません。それでも労働者の世界の内部に立ち入った詳細な調査であり、やがてその結果が児童労働の規制にかかわる法律の成立にもつながります。

労働者の結合

貧困問題の解決のためには慈善活動が有効であるということに、トクヴィルは疑いをもっています。だがそのかわりに提案されるのは、労働者が将来のために貯蓄を行って、いわば「資本家」に近づく、そのための効率的なシステムの構築くらいで、他に有効な具体策はありません。『デモクラシー』の第一巻ですでに市民の結社のもつ意義に注目したトクヴィルは、さすがにこの頃簇生しつつあった労働者の結社についても、「覚書」の続編としてシェルブールの紀要に寄稿するはずであったが実現せず、原稿のままに残された文章のなかでふれています。

デモクラシーの世紀にあって「結合の技術」が大きな役割を果たすことはまちがいがない。それはしかし、現在のところ「未熟な」状態にとどまっており、充分な信用を獲得してはいないので、結局のところ試みは成功するどころか、無秩序がいっそう広がるばかりである。このような主張からは『デモクラシー』第二巻で、結社を必要とする平等な社会は、同じ理由で結社の存在を困難にもすると述べる、トクヴィル自身の見解を見ることができるのかもしれません。あれほど深いところでなされた平等の力学の理解にくらべると、工業化の進むなかでの労働者階級の問題にたいする積極的な解決策が出ていないことは、残念ながら認めなくてはなりません。

「群集」の発見

労働者の世界の内側にまで立ち入った観察ができてはいない、そこに内在する問題に充分な解決策が提案されているわけではない、さらには社会の工業化と平等化の関係を必ずしも整合的に説明していないという、いくつかの限界は否定できません。しかしトクヴィルは工業化したイギリスの世界に、もう一つ重要な社会的存在を発見してもいました。それは「群集」、都市に現われたひとの群れです。

『デモクラシー』のなかでもすでに「群集 foule」という言葉は用いられていました。社会で平等化が進行すると「個人はますます群集の中にかき消え、捉えどころのない共通性の中に簡単に姿を没してしまう」(I 二-九)。また「一国の人民において諸条件が平等になるにつれて

〔……〕市民の誰もが他の人と同じになって、群集の中に姿を没し、人民全体の壮大な像のほか、何も見えなくなる」(Ⅱ 四-二)。ただしこの群集はむしろ、デモクラシーのもとで人間が埃のような個人に閉じこもってしまうとともに、他者のことを考えるさいには人類という参照枠しかもたないという、前の章で見てきたことがらにかかわっています。

彼の観念のなかで群集と人類とが重なりあうという点はたいへんに興味深い。人類が「人口」の生物学的な側面を示し、その反対の社会的な側面では「公衆」でもあることとの関係でも、ここで群集という言葉が出てくることに意味はあります。それでも人類という、眼に見えずとらえどころのないものとつながるかぎりでは、群集もまだ具体的な姿をともない社会のなかを動き回る存在とはなっていません。著者が都市の群集を眼にしたのは『デモクラシー』の第一巻と第二巻とのあいだの時期だったのです。

マンチェスターの工場労働者

先ほどの手帳にあるマンチェスターに戻りましょう。この町では製鉄所の槌音や蒸気機関の汽笛に加えて工業原料を運ぶ荷車の車輪の音が聞こえてきますが、それ以外に都市らしい風景は見あたりません。たとえば通りをのんびりと散歩するひとがいません。そのかわりに「いたるところで、たえず群集が光の不充分な暗い街路を歩き回っているが、その足どりは粗暴で、まなざしはぼんやりしており、身なりは地味で粗野である」という人間の群れがトクヴィルの眼の前に登場します。この群集の原語は

multitude ですが、彼らが職場に向かうかそこから出てきた工場労働者であることは、金持ち(つまりマニュファクチュアを所有する資本家)を乗せた馬車はどこにも走っていないと、この直前に書かれているところからもわかります。

「アメリカには大きな首都はまだない」と、『デモクラシー』にはありました(I 二―九)。トクヴィルとボーモンが訪れた頃、ニューヨークの人口は二〇万人をわずかに超えたばかりでした。そこでの下層階級はヨーロッパの都市におけるよりも「危険な」ものに成長するだろうと著者は注記しています。この言葉遣いは、たとえば同時代に都市の調査を行ったH＝A・フレジエの『大都市における人口の危険な階級について』(一八四〇年)の、これまた都市を上から見て管理する者の視点を思い起こさせますが、それでも二人はアメリカではまだ、おびただしいひとの群れに出会ってはいなかったのだと想像できます。

エンゲルスの見た群集

トクヴィルによるマンチェスターの群集の簡潔すぎる描写を別のテクストで補っておきましょう。「街路の雑踏にすでにある厭わしいもの、人間性が憤慨せずにいられないなにかがある。路上を犇《ひし》めきながら過ぎてゆくあらゆる階級あらゆる職種の数十万人、かれらはみな、同じ特性と能力とをそなえ、幸福になりたいという同じ願望を抱いている人間ではないのか？……それにもかかわらずかれらは、たがいのあいだになにひとつ共通するものをもたず、どのような関係もないかのように、押し合いながら足早に通り過ぎてゆく。」こちらはF・エンゲルスが『英国における労働階級の状態』(一八四五年)で描くロンドンの群集です(大月書店版「国民文庫」に収録。ただしここでは、W・ベンヤミン「ボードレールのいくつかのモティーフについて」(『ヴァルター・ベンヤミン著作集6』晶文社、一九七〇年)で引用された、円子修平訳によっています)。

エンゲルスの社会調査が刊行されたのは一八四五年。したがってここに出てくるのはトクヴィルがマンチェスターで出会ったちょうど一〇年あとの時期の群集です。その足どりを粗暴、まなざしはぼんやりしているとトクヴィルが形容し、「どのような関係もないかのように、押し合いながら足早に通り過ぎてゆく」とエンゲルスが記述しているところに、わずかな時間の間隔をおいて二人が対面している集合体に共通した性格を見ることはできないでしょうか。それは想像上の平等が支配的になった社会で、各自の利益にしか関心を示さず、その充足を求めて焦燥感にとらわれて動き回るひとの姿です。

革命のなかの群集

マンチェスターやロンドンと同じ群集は、七月王政期から二月革命にかけてのパリにも現われていました。その様子は『回想録』で描かれています。規模や内容の点でイギリスの諸都市にはおよばないかもしれないが、この時期にパリも「フランスで第一の工業都市」に成長していきます。そこには地方の農村から人口が流入してきます。パリの人口が一〇〇万人を超えるのは一八四〇年代半ばですが、一九世紀の前半をとおして未成年者と老年者の数が減少しつづけるのにたいして、成年人口が増加していることからもパリの状況をうかがうことができるでしょう(ルイ・シュヴァリエ『労働者階級と危険な階級』喜安・木下・相良訳、みすず書房、一九九三年)。

この都市に集まった群れ multitude は「物質的な享楽への熱望」に刺激されていて、彼らのあいだには「ねたみに由来する民主主義的な不満」を見ることができます。「民衆の心のなかのごく自然な不安、この民衆の願望や考え、群集 foule の欲求や本能」が七月王政期の社会を支配しています(『回想録』第二部)。マンチェスターと同様に、ここでのトクヴィルの群集の描写もまだ部分的で抽象的なものにとどまっています。

その群集は、二月革命がはじまると街頭にあふれ、議会を取り巻き、さらには議場へ侵入することになります。「群集はうねりを生じた大海原の波のように、どこにおもむくのかもさだかでないまま、そこに集まっていたのである。」七月王政が崩壊し第二共和政が成立して、あらためて選挙が実施されたあと、五月の立憲議会に突入した群集はトクヴィルに格別の印象を残しました。「群集はいっとき、議場の中央の大きな何もない空間につめかけ、そこがいっぱいになるとみるや、われわれの議席の間を通って広い廊下に通じている狭い通路に登ってきた」(『回想録』第二部)。

群集の指導者

こうした群集の先頭に立つ革命家のアルマン・バルベスを、トクヴィルは「われわれのあらゆる敵のなかでも、もっとも恐るべき男」と呼びます。またもう一人の指導者であるオーギュスト・ブランキは「下水道で生活していたのが、そこからはい出してきたかのよう」であったと語られています。この「下水道」はマンチェスターの町について記したさいに用いた「掃溜め」というメタファーとともに、あの炯眼なトクヴィルでさえが、同時代につくられ広まっていった労働者や群集にたいする否定的な視点をどこかで共有していることをうかがわせます。

バルベスやブランキなど群集の指導者に注意が向かう点には、やがて一九世紀末になってギュスターヴ・ル・ボンやガブリエル・タルドたちが提唱する「群集心理学」を思わせるところもあります。客観的な科学と称しながら実は偏見に充ちたこの心理学では、群集は日常生活では作動している理性を失い、非合理で斉一的かつ付和雷同で、多くの場合は暴力的な行動へ走るとされました。とりわけ群集は催眠状態におかれていて、彼らに暗示を与えた指導者に盲目的に服従します。トクヴィルはさすがにこのような極端な言説を展開しはしません。

群集心理学は逆に、群集が催眠状態にあり非合理な行動をとるという、その根柢にある仕組みそのものを理論的に説明することができないでいます。詳しい議論を繰り広げているとそれだけで一冊の本が必要になるので省略させてもらいますが、一言でいうと、群集のあいだでは完全に平等な状態が成立していて、それが斉一的な行動や催眠状態と見える現象に関係しているのです。群集を構成しているのは前章で見てきた、部分的な社会集団を離脱した個人、しかも「個人」と呼ぶにはあまりにも自律に欠ける人間です。このような群集の「秘密」はトクヴィルの主題の平等にほかなりません。平等とその行方を見据えたところから、彼は群集に対峙しているのです。

人間がデモクラシーのもとで安楽への情念に駆られ、しかし結果としてそれが充たされはしないままに「永遠の遁走」をつづけ、さらには虚栄心や羨望といった複雑な感情にとらわれ停滞しつづける、そんなさまを象徴的に描き出したものとして、この本の第二章の最終部分ではポーの「沈黙」という小説の一節を引いておきました。みなさんはなにか唐突な印象をもたれたかもしれませんが、引用に理由がなかったわけではありません。この短い作品の出された翌年にはまさに「群集の人」と題する小説が発表され、そこではロンドンの、そしてトクヴィルやエンゲルスと同時代の群集が描かれるのです。

ポー「群集の人」

ポーはイギリスで一年ばかり暮らしたことがありますが、まだ子どもの頃に養い親に連れられての滞在であったので、同時代だとはいえ、ここに登場する群集も作者が実際に見たものではありません。それでも大都市に群れる人びとについての興味深い描写がいたるところで見られる作品です。とりわけ重要な鍵はタイトルにある群集の「人」です。

小説の主人公、というよりも語り手である「私」はロンドンのとあるコーヒーハウスに席をとって、外の通りを歩く人びとを観察しています。彼らのなかには身なりや表情からして一定の職業をもっている(したがって、社会のどこかの部分に所属している)と判断できる者がいます。彼らはまだ完全な群集ではありません。というのも服装やものごしその他から所属集団が判別できるからです。夜になるにつれてそうした人びとは姿を消し、もっと得体の知れない存在が姿を現わします。これだけでも都市の群集の描写としてたいへん興味深いのですが、そのうちに語り手は一人の老人に眼をとめ関心をもち、彼が群集のなかを徘徊するのを尾行することになります。

追跡はふた晩におよびますが、たいしたことはなにも発見されません。老人は群集のなかを歩き回り、ときにどこかの店に入ったりもしますが買い物(つまり特定の社会的欲求の充足)をするわけではありません。疲れ果てた語り手は最後にこれ以上の尾行をあきらめます。「あの老人は一人でいるに堪えられない。いわゆる群集の人なのだ」という結論をもって(「群集の人」中野好夫訳、前出『ポオ小説全集2』)。

沈黙への恐怖

ところで赤い太陽の下でサフラン色の河が逆流し、青白い睡蓮が長い首を揺らせて溜息をついていた、「ひとつの寓話」という副題のついた短編「沈黙」には、そうした風景を眺めて佇《たたず》む一人の男が登場します。それを見た「悪魔」は男を驚かせようとして、魔法をかけて世界に騒乱をもたらします。睡蓮が、河が、そして森やその他すべてが激しい音を立てて揺れるのですが、男はなんの反応も示しません。これに怒った悪魔が逆に完全な沈黙を世界にもたらすと、男はとたんに恐怖感にとらわれて遠くへ逃げていってしまった。

世界がどんなに揺さぶられても動じることがなかったのに、沈黙が訪れるとたちまち逃げだした男はやはり、孤独に耐えることができないという意味で「群集の人」なのでした。そうだとするとこの小説の最初に登場した風景は、まさに翌年の短編の老人がそのなかに身をおき徘徊をつづけた群集と相同な世界の、詩的ないし象徴的な表現だといえるでしょう。こうした世界を描くポーと、焦燥感に駆られて走り回る人の群れを見るトクヴィルとが、一八三〇年代初頭アメリカの、バルティモアかフィラデルフィアのどこかで出会っていたらどうだっただろうかと想像しながら、第二章の終わりに「沈黙」の一節を引用したしだいです。

ボードレールとバルザック

「群集の人」や「沈黙」をふくむ短編小説をフランス語に翻訳するのが、詩人のシャルル・ボードレール。刊行されるのは一八五七年ですし、トクヴィルの眼にふれることはおそらくなかったでしょう。ボードレールはその後も近代都市に現われた群集に関心を示し、『パリの憂愁』に収められる散文詩の一つでは、群集のなかで「浴《ゆあ》みする」ことの愉《たの》しみ、「だれにでもできるわけではない」特権的な愉しみについて語りさえします（福永武彦訳、岩波文庫）。つまり個人が無名の群集のうちに解消するさいに逆説的に生じる快感です。埃となった個人にそんな愉悦もあることまでは、トクヴィルは予想していません。

一八三〇年代の群集について、もう少しだけ見ておくことにします。バルザックの『幻滅』（一八四三年）の主人公リュシアンが、地方の町からパリに出てきてまず圧倒されたのは人都市の群集でした。群集のなかにいると自分自身が減少してゆくように感じる彼は、「自分の故郷ではなにものかであることとパリにいるとなにものでもないこと」との大きなちがいに気づきます。この都市で大きな野心を充たすつもりであった青年にとって「パリは恐ろしい荒野になろうとしていた」。

ここで大切なのは故郷、つまり集団への所属や役割関係が眼に見えている（「なにものかである」）共同体とくらべて、群集は「なにものでもない」存在に帰されていることです。『幻滅』で描かれる群集経験は、ボードレールのいう「浴み」の喜びにまではつながりそうでつながりません。それでも、はっきりとした姿をもつ部分社会から関係を絶たれる一方で、かぎりのない、また形をもたないひとの集合のなかへ消えてゆくという、デモクラシーのもとでの人間のありようをうかがうこともできます。そんな同時代の風景をトクヴィルも共有していたはずです。

中産階級の卑小な安楽

一八三〇年代に都市に集中した労働者階級のあいだでは、物質的な安楽への欲求が支配的であるとトクヴィルは見ていました。しかしこの欲求は労働者階級にかぎったものではありません。安楽を追求する情念は、『デモクラシー』の著者によればあくまでも中産階級に固有のものでした――「物質的幸福を求める情熱は本質的に中産階級の情熱である」(Ⅱ 二-一〇)。したがってまた、これとの関係で生じる羨望も同じ階級で作動する感情だということになります。

アリストクラシーの支配を決定的に終焉させたフランス革命を完成させたのは、トクヴィルによれば七月革命でした。社会の中心となったのが「奇妙な均質性」や「奇妙な生ぬるさ」を特徴とするこの中産階級であり、国民の大部分を占めることになった中産階級は、政治的に無関心なままにとどまっていると、トクヴィルは二月革命の前の年に書いたと思われる未完の論文のなかで論じています(「中産階級と民衆」)。この記述は『回想録』のそれを予告しているようです。七月王政になりついに権力を獲得した中産階級は「利己心」にとらわれ「卑小な安楽」のなかに閉じこもっています。

この気風は活動的で勤勉なものであり、しばしば不誠実で、全体としては堅実で、自尊心〔＝虚栄心〕や利己心で時に向こう見ずとなり、気質において内気、すべての事に中庸であ

るが、物質的な満足の追究に関してだけは別であり、そして凡庸なものだ。(『回想録』第一部)

なんのことはない、こうした七月王政下の中産階級の様態は『デモクラシー』をとおして描かれた人間一般の姿にほかなりません。強引ないいかたをするなら、彼らこそが群集そのものなのであるのかもしれません。

停滞する社会

中産階級の人びとは自身がエゴイズムや虚栄心にとらわれ(『赤と黒』の世界を思い出しましょう)、また物質的な安楽の追求に終始しているために、民衆＝労働者の貧困と悲惨にまで充分な配慮がとどきません。あるいは注意が向かうとすれば、統計その他から推測される犯罪の増加によって社会秩序が脅かされている状態に危機感をつのらせる程度にとどまっています。そして体制の頂点にいる君主、ルイ＝フィリップ自身が、「君主にふさわしいものというより、商人にふさわしい」態度で、文芸以上に産業を熱愛するという、その個人的性格からして、このときの社会を体現するものでした。「彼のもつ欠陥とその時代の欠陥の間に類似性がある、というよりむしろ一種の親族関係、近親交配のような関係が存在した」のです(『回想録』第一部)。

ここからは、なにか確実な解決への道が開かれてくるようには見えません。一八三九年から下院議員となり政治活動にかかわり、党派間の争いに疲弊しきったトクヴィルの心には疑念がふくらむ一方です。七月革命は一七八九年の革命を完成させたのだが、しかしそれはアンシァン・レジームから受け継がれた問題がそのまま次の時代へ伝わることではなかったのだろうか。結局のところトクヴィルにとって、フランス革命が残した問題はまだ終わっていません。合衆国へ赴き、そのあとイギリスも訪れ、さらに一八三〇年代から四〇年代のフランスの政治社会のただなかを生きながら、群集の登場をも目撃したトクヴィルの悩みは、着地点が見えないままになおもつづきます。

2 民主的な専制

民主的な専制とは

その群集のうえにさらに姿を現わそうとしているのが、アメリカへ出かけるよりも以前から考えていたとトクヴィルのいう、平等が生みだすたった一人の人物による統治形態、すなわち「民主的な」という修飾語のつく「専制」です。

民主的な専制は、この本でもすでにふれてきたとおり、トクヴィルの終生の主題ともいえるものであり、彼の著作のあちらこちらに見ることができますが、『デモクラシー』第二巻の終わり近くになって、「民主的諸国民はいかなる種類の専制を恐れるべきか」と題する章で描かれる姿がもっとも印象的で、したがってよく知られています。先にそのテクストを読んでおきましょう。

平等がゆきわたった社会には「似通って平等な人々からなるおびただしい群集が矮小で俗っぽい快楽を胸いっぱいに想い描き、これを得ようと休みなく動きまわる光景」を想像することができます。「誰もが自分にひきこもり、他のすべての人々の運命にほとんど関わりをもたない。」こうした状況にはわれわれもこれまで何度も立ち会ってきました。

この人々の上には一つの巨大な後見的権力が聳《そび》え立ち、それだけが彼らの享楽を保障し、生活の面倒をみる任に当たる。その権力は絶対的で事細かく、几帳面で用意周到、そして穏やかである。人々に成年に達する準備をさせることが目的であったならば、それは父権に似ていたであろう。だが、それは逆に人を決定的に子供のままにとどめることしか求めない。市民が楽しむことしか考えない限り、人が娯楽に興ずることは権力にとって望ましい。権力は市民の幸福のために喜んで働くが、その唯一の代理人、単独の裁定者であらんとする。（Ⅱ 四-六）

これがトクヴィルの描く民主的な専制のありさまです。そこでは「どんな国民も小心で勤勉な動物の群れに過ぎなくされ、政府がその牧人となる」。人間はもはや権力に飼いならされる動物にまでなってしまうのです。この民主的な専制からは、さらにいくつもの大切な主題を抽き出すことができそうです。

個人主義が生む専制

専制の出現はなによりもまず、平等が生みだす最大のものは平等への愛であること、そのためひとは自由のうちでの平等を実現できない場合には、隷従のもとでの平等を受け容れさえすることと関係しています。また平等が導きだす「個人主義」、トクヴィルの考えるところでは人間の他者からの孤立にほかならない個人主義は、社会的に無関心にとどまることで専制の出現に都合のよい条件を準備します。「専制は本性上臆病なものであって、人々の孤立にそれ自体の永続の最も確かな保証を見出」す(II 二-四)。

こうした、いわば平等の「社会心理」と並んで、一八世紀のフランス社会では、平等の拡大にともない行政における中央集権化が進行し、全能の国家が成長するにつれて、専制を可能にする「社会構造」が生まれていました。アンシァン・レジーム期の統治形態を専制と呼んでしまうのには問題があります。それでも第三章で見たように少なくとも重農学派のル・メルシエたちが合法的な専制という観念をもち出す素地はありました。そして一七八九年の革命で解体されたはずであったのに、実は生き残ってナポレオン・ボナパルトの第一帝政へとつながったのが、この絶対君主政下の社会構造なのでした。「行政的専制と人民主権とのこの種の折衷」

からこそ民主的な専制は生まれてきます(II 四-六)。

君主政と専制

古代ギリシア以来の政治学の伝統では、政体は権力を保持する主体の数に応じて君主政、貴族政、民主政という三つのものが考えられてきました。そのうえでたとえばアリストテレスは、三政体のそれぞれは逸脱する可能性があり、君主自身の利益の追求を目的とするようになった君主政を「圧政」と呼んでいます(この時代には専制にあたる言葉はまだ存在しません。『政治学』第三編第一五章)。これにたいして民主政と貴族政を一つにまとめて共和政としたうえで、君主政に専制を付け加える分類を行ったのが『法の精神』のモンテスキューでした(第二編第一・二章)。これはある意味で特異な分類です。『法の精神』の著者は、君主政と専制とが決定的に別のものであることを強調したかったにちがいありません。

君主政を専制から区別しなくてはならないのは、まずその原理が前者では名誉、後者では恐怖(したがって本性からして腐敗している)とまったくことなるからです。専制は支配者の恣意にもとづいていますが、君主政では法にもとづいた統治がなされ、とりわけ「中間的、従属的そして依存的な諸権力」がその本性を構成しています(第二編第四章)。中間的な権力とはフランスでいうなら、先にふれた高等法院がその例であり、これらが国王の権力を抑制する働きをしていたことは前の章でも少し述べました。

トクヴィルの訪れたニュー・イングランドにあっても、タウンシップという制度が存在して、人民を国家の直接の支配から守ることができていました。また『アンシァン・レジーム』で描かれる封建社会では、貴族層が国王と人民とのあいだの中間的な権力として重要な働きをしていました。貴族層のほかにも都市や同業組合などさまざまなかたちの二次的集団が存在していました。ところが集権化した権力は「あらゆる中間的な権力を破壊するにいたった」(二-六)。平等の到来とともにこのような「部分」が消滅し、あるいはその力を失って、専制の登場を容易にする社会のかたちができあがるのです。

モンテスキューとの関係で注意しておきたいのは、彼もまた政体が腐敗する可能性を想定しており、とりわけ民主政は平等の精神を失うと貴族政にとってかわられ、「極端な平等の精神」が支配的になると専制へと導かれると述べている点です(第八編第二章)。トクヴィルはこの専制への腐敗を、社会心理と社会構造の両面で採りあげるとともに、『法の精神』の議論からさらに踏み込んで、専制と平等とが相反するどころか、むしろたがいに親和的で補完しあう関係にあることを示そうとしているのだといえます。トクヴィルによれば専制はどの時代にあっても危険な存在ではあるが、「デモクラシーの世紀には格別に恐るべき」ものであったのです(II二-四)。

穏やかな専制と「多数の圧政」

社会の平等化がもたらすおそれのある専制は、これまでひとの観念にあった専制とはかなりことなる性格のものになるだろうとも、『デモクラシー』の著者はいいます。この新しい種類の専制は物質的な安楽を求める群れに奉仕するとは、先の引用にもあったとおりですが、「それはより広がり、より穏やかであろう。そして人々を苦しめることなく堕落させるであろう」。専制を容易にする平等は、同じものを穏やかにもします(Ⅱ四-六)。デモクラシーのもとで習俗が穏やかなものになることは前に見てきたとおりですが、専制さえもが穏やかな性格に変化するのです。

平等から帰結する新しい種類の専制が問題になるのは、『デモクラシー』第二巻の終わり近くになってですが、アメリカ社会で平等がもたらす深刻な事態として、第一巻ですでに危惧されていたのが「多数の圧政」でした。民主政における意思決定は多数者の意思を反映している——これは「多数決の原理」として、私たちもまた第二次大戦での敗北後にアメリカがもち込んだ「民主教育」で教えられてきたことでした。けれども、多数の意思はほんとうに集団全体の意思であるのか。また、それに反する意見をもつ少数者はどんな立場におかれてしまうのだろうか……

小学生のとき以来いだいてきた、こんな素朴な疑問があらためて浮かびあがってきたのは、『デモクラシー』のなかに「多数の圧政」という言葉を見つけたときです。「多数の力が絶対的であるのは民主政治の本質に由来する。〔……〕最大多数の利益は少数者の利益より優先されねばならない。」しかしそれが少数者の意見と行動を押しつぶすものであってはならないとも、トクヴィルは述べます。「アメリカほど、精神の独立と真の討論の自由がない国を私は知らない」(I 二‐七)。さらにフランス革命の勉強をしていて、『第三身分とはなにか』のシエイエスが書いている別のパンフレットを読むことになりました。

フランスでは身分制を廃して、国民の代表が議会を構成し、そこでの討議をとおして全体の意思を体現する法が作成される。しかし参加者が各自の意見を自由に表明する討議が全員一致の結論に到達するのはたいへん困難である。したがって最終的には多数の意見をもって全体の意思とするほかないというのがシエイエスの最終的な考えでした(『フランスの代表者たちに採用が可能な実践方法にかんする見解』一七八九年)。これでは全体を支配する多数の意見を尊重するというのは、結局のところ討議することの不可能を告白しているにすぎないのかもしれない。多数を全体におきかえるのはもっともなことのようであって、しかしどこかにある種の欺瞞めいたものを感じ取らないわけにはいかない。そんなシエイエスの言説には、私にとって多数の圧政をめぐるトクヴィルの議論に思いいたるに充分なものがありました。

精神にまで及ぶ権力

第一巻にある多数の圧政と第二巻の民主的な専制とでは、議論されている内容がことなります。多数の圧政をあつかった箇所にも専制という言葉は登場しますが、二つの概念を同じ水準に並べてあつかうことはできません。また、合衆国では「行政の集権の欠如」や法律家が政治に均衡をもたらすことなどにより、多数の圧政は緩和されることも報告されています(Ⅰ 二-八)。それでも、アメリカに滞在して感じ取ったデモクラシーにたいする危惧を、第一巻では多数の圧政という表現でもって示していたが、それが第二巻では民主的な専制という観念になって出てきたのだと考えることもできます。

というのもこの国では「多数者が思想に恐るべき枠をはめている」ことに著者は注目しているからです。支配は国民の身体だけではなく観念にまでとどいているのです。鉄鎖と首斬り役人に象徴されるように、かつての時代の専制君主たちは「暴力をいわば物質的に行使した」。その場合暴力はひとの身体に及びますが、まさに同じ理由で魂は専制の攻撃を免れて「肉体を超える栄光の高みに上昇」してその自由を保つことができます。ところが民主的な圧政は「肉体を放置して魂に直進する」。生命や財産を奪うことはないが、少数者は社会のなかで異邦人でしかなく「生きることを死ぬよりつらいものに」されてしまう。「文明の進歩は専制までも完璧にした」(Ⅰ 二-七)。このように多数の圧政と民主的な専制とは著者のなかでつながります。

新しい処罰と監獄

またかつて物質的に行使されていた専制君主の権力が被支配者の精神にまで及ぶという指摘からは、ミシェル・フーコーが『監獄の誕生――監視と処罰』(田村俶訳、新潮社、一九七七年)で明らかにしたことを思い出さないわけにはゆきません。一七五七年に国王ルイ一五世の暗殺を企てて捕らえられたダミアンが車折の刑(処刑者の両手足を馬の力でそれぞれ反対の方向に引っぱって、身体を八つ裂きにする)に処せられるところから書き出される『監獄の誕生』では、やがてそれから一世紀も経たないうちに、犯罪者にたいする処罰が身体ではなく精神に及ぶように変化してゆくことが述べられます。

新しく登場する処罰では、ベンサムが提案した監獄制度であるパノプティコン(一望監視装置。そこでは収監者全員の監視が可能になりますが、他方で独房にいる囚人たちからは監視者の姿がいっさい見えません)がそうであるように、犯罪者を隔離して収監し、これを徹底的に監視し矯正することが中心的な課題となります。つまり処罰の対象はもはやひとの身体ではなくなり、したがって非物質的なものとなるのです。この変化は従属をとおして形成される近代的な主体という、その後のフーコーの大きな主題につながりますが、トクヴィルのいう多数の圧政、さらには民主的な専制の本質とも無関係ではありません。

トクヴィルとボーモンの名前は『監獄の誕生』にはただ一度、註での引用を加えても三度しか現われません。たぶん一九世紀前半における自由主義者、しかも犯罪の増加その他の状況への対応に追われる体制側の人物としてしかフーコーには見えていなかったのでしょう。それでも監獄内の雑居房での生活が出獄後の再犯につながるとする意見をめぐって、逆向きにですが、フーコーとトクヴィルとは出会います。「処罰を受けた若年層で再犯が占める比率の増加」は当時の議論の大きな争点のひとつでした(A＝M・ゲリー『フランスの道徳統計試論』一八三三年。なおこの本の序文には、アメリカの資料を提供してくれたボーモンとトクヴィルにたいする謝辞が見られます)。

監獄内の囚人のあいだでの情報の伝達を遮り再犯を防ぐには、雑居房ではなく独房への収監が望ましい。トクヴィルたちがフィラデルフィアをはじめとするアメリカのいくつかの監獄の視察をとおして確認し、報告書のなかでその効用について述べたのも、独房とそれが果たす規律上の役割でした。囚人は独房のなかで一定のあいだ完全に孤独な状態におかれ、他の囚人から は隔離される(『合衆国における監獄制度とそのフランスへの適用について』)。このような「規律化」の利点を示す議論にたいして、まさに同じことが近代的な主体形成のモデルになったことに注目するフーコーであれば、トクヴィルに背を向けないわけにはいかないのでしょう。

監獄と民主的な専制

ただしトクヴィルとボーモンは、そうした独房制度のもつきびしい性格に違和感をいだいてもいたようです。監獄に規律をゆきわたらせたとしても、犯罪者を完全に矯正することはできないと著者たちは考えています。矯正ではなく、囚人たちが「より悪くならない」効果が認められる程度です(『合衆国における監獄制度』)。さらに『デモクラシー』の別の箇所には、ヨーロッパとはことなり「アメリカでは犯罪者は人類の敵であって、人間全部を敵にまわす」と、多数の圧政によく似た扱いを受けているかのような表現もあります(I　一-五)。

トクヴィルより少しあとにナサニエル・ホーソーンが『緋文字』(一八五〇年。八木敏雄訳、岩波文庫)のなかで描く世界、ピューリタニズムが濃い影を落としている世界を思わせるような、このような記述からも、トクヴィルが問題をどのように受け止めていたかはわかるかもしれません。『合衆国における監獄制度』でアメリカの現状を紹介する章は、さらに次のような言葉でもって締めくくられるのでした。「合衆国の社会は自由がもっとも拡大した例を示しているが、同じ国の監獄はもっとも完全な専制の様相を呈している。」

このあたりに注目して、アメリカで目撃した監獄のありさまが「民主的な専制」のいわばモデルになっているのだとするトクヴィル研究者さえいます。たしかに、囚人は同じ独房にいるかぎりで「平等」であり、しかも彼らは他者から隔離され無力である点で、トクヴィルが『デモクラシー』で描く個人主義に閉じこもる人間に似ています。フィラデルフィアの監獄を支配する孤独と沈黙は、新しい専制の静かな性格を思わせます。ただ、繰り返しますが、専制の問題は大西洋をわたるよりも以前から彼の念頭にはあったのです。

したがってアメリカの監獄制度を見たことが、民主的な専制の観念を形成するきっかけになったとまでいうことはできないでしょう。むしろ、独房への収監の技術的=制度的な意義を認めながらも、しかしそこにも新しい型の専制の出現を看取し、監獄の調査と報告からやがて『デモクラシー』を経由して晩年の『アンシァン・レジーム』にいたるまで、問題のありかを感知しているところに、トクヴィルの認識の方向の変わりのなさを認めるべきです。また一九世紀の半ばにあって「穏やかな専制」、人間の身体にではなく精神におよぶ支配に着目している著者の関心は、現代にまでつながっているというべきではないでしょうか。

未成年にとどまる社会

デモクラシーのもとで立ち現われる専制が穏やかな性格のものであることは、それが先のテクストで「巨大な後見的権力」であるとされていることにも関係してきます。『アンシァン・レジーム』でも行政権力がフランス人を「被後見状態」におくにいたったことが語られている（二‐四）のを見てきましたが、この専制は「市民の幸福に喜んで奉仕する」、あるいは物質的な安楽を求める群れに応えようとしています。しかも後見下におかれるのですから、ひとは「子どものままにとどまり」成人することがありません。

このように述べるトクヴィルは、カントがフランス革命のはじまったあと、一七九三年の論文で次のような記述を残しているのを知っていたのではないかとさえ思わせます。「国民に対する好意の原理（いわば子供達に対する父としての）に基づいて設立されているような政府は、家長的政府と呼ばれる、それだからかかる組織においては、政府に従属する国民は〔……〕未成年の子供同然であり、〔……〕このような家長的政府は、およそ考えられ得る限りの最大の専制政である」（「理論と実践」、篠田英雄訳『啓蒙とは何か』岩波文庫）。カントによれば未成年状態から脱け出すことが啓蒙を意味したのですから、こうした専制に支えられた人間は、啓蒙を実現できていないことにもなります。

少し補足しておきますと、一七八四年の論文「啓蒙とは何か」で「他人の指導がなければ、自分自身の悟性を使用し得ない状態」(前出書所収)とされる「未成年」の元の言葉 Unmündigkeit は、たしかにそう訳してもまちがいではないのですが、もう少し広く他者に支えられる必要のある存在をさすものです。カントが『人間学』のなかで同じ言葉を用いたのをフランス語に訳したミシェル・フーコーが採用したのは、まさに「被後見状態にある sous tutelle」という表現なのでした。穏やかな性質の専制がひとの群れのうえに後見的権力として立ち上がるとトクヴィルが語っていることの意味が、こうしてより深いところで理解できるようになります。

啓蒙専制君主フリードリッヒ二世

「家長的政府」と最大の専制を問題にするカントは、このとき具体的にはどのような統治ないし統治者を想定していたのでしょうか。「諸君の望むかぎり、またとりわけ諸君の望むどんな事柄についても議論せよ。しかも服従せよ」と国民に向かっていうことができる唯一の存在であると「啓蒙とは何か」で指名される、当時のプロイセンの国王フリードリッヒ二世であると考えてよいでしょう。

『永遠平和のために』(一七九五年)でカントが「国王が哲学することや、哲学者が国王になることは、期待されるべきことではなく、また望まれるべきことでもない」としているのも(宇都宮芳明訳、岩波文庫)、一七四〇年の即位のさいに哲学者のクリスティアン・ヴォルフから

「国王＝哲学者」と賞讃されていた、この国王を意識してのことであったにちがいありません。そんなフリードリッヒをはじめとして、この頃から「啓蒙専制君主」の名称が用いられつつあった一八世紀のヨーロッパ各国の君主の統治が、家長的な性格のものとなる可能性があったことをカントは指摘しているのです。

他方でフリードリッヒ二世自身もまた、即位の以前からしばしば、君主は国民の幸福に奉仕する「第一の従僕」にすぎないとして（『アンチ・マキアヴェリ』一七三九年）、市民の思想と信仰の自由を保証し、さらにそうしたことのためには、時計の内部の仕組みを点検し熟知する職人と同じように、「いかなることも判断し予防するために、慎重にいかなることも知る必要がある」と述べていたのです（「ヨーロッパの政体の現状にかんする考察」一七三八年）。君主に要請されるこの「慎重」は「市民の幸福のために喜んで働く」後見的権力を「事細かく、几帳面で用意周到」と修飾していた先のトクヴィルのテクストへと私たちを連れ戻すことでしょう。

「法典」への関心

こんなふうに単純に言葉を並べただけでは、まだトクヴィルの専制についての議論を、カントやフリードリッヒ二世のそれに無理やりつないでいるだけにすぎないと見えるかもしれません。ところが『アンシァン・レジーム』のなかで、ノロイセンの国王の業績にたいする重要な言及がなされていたのです。フリードリッヒが編纂を命じた、しかし生前には完成することなく、次の国王の手でフランス革命の開始後になって公布された「法典」(としかトクヴィルは呼びませんが)、正確には「プロイセン一般ラント法」の名で知られるものが、第二編第一章の註で採りあげられています。

最初に市民と市民の関係、市民と国家の関係を規定するこの法典は、トクヴィルによれば「真の憲法」であり、一七八九年のフランスの「人間と市民の権利の宣言」と並ぶべきものです。そこでは国家とその住民の財産と安全の保持が社会の目的であると規定されている。君主は存在するが、その個人的なことがらはもはや問題ではなく、彼は社会の代表として社会に奉仕するにすぎない。だがこの代表は全能であり、権力は中央に集中し、国家のなかのあらゆる結社や公的施設は国家の監視と指導のもとにおかれる。この状態を『アンシァン・レジーム』の著者は「民主的ではあるが自由主義的ではない」と見なします。

一般ラント法を「まったく近代的な頭部」に「まったくゴチック的な(中世的な、つまり実質上は農奴制を残している)身体」が付随している「怪物のような存在」とトクヴィルが呼ぶのは、フランスとはことなるドイツの状況を反映しているのでしょう。それでも国王の存在の抽象化、国家権力の中央集権化、それが国民の幸福の実現をめざして慎重かつ細密に作動する様態、結果としての封建制の破壊といった点では、アンシァン・レジーム期に進行したのと類似した事態を、フリードリッヒ二世の名で呈示された法典のなかに見いだすことができるようです。

『アンシァン・レジーム』が出たばかりの頃、トクヴィルは、子どものいなかった彼にとって息子のようにも思えていた甥で、当時外交官となってベルリンのフランス大使館に勤務していたユベールに宛てた手紙のなかに、次のように書いています。「プロイセン全体がフリードリッヒ二世の痕跡を残している。この国を完全に理解するためにはたえず彼のことを研究しなくてはならない。だから、注意して彼の業績を研究しなさい」(ユベール・ド・トクヴィル宛て、一八五六年一〇月三〇日付け)。ここからもトクヴィルのフリードリッヒ二世にたいする関心の大きさがうかがえます。

第二帝政という穏やかな専制

このときには『アンシァン・レジーム』の第二巻で「民主政の基礎のうえに立ち上がる唯一者の専制」として描くはずであったナポレオン・ボナパルトの帝政を引き継ぐ、甥のルイ＝ナポレオンによる第二帝政がはじまっていました。アメリカに赴く以前から考えていたという民主政と専制の関係を、身をもって体験するという皮肉にトクヴィルは直面しました。「帝政は平和である」と公言する皇帝が出現し、また彼のもとでセーヌ県知事のオスマンによるパリの大規模な改造が進行して、群集の横行や犯罪の増殖を許さない、清潔で明るく快適な都市が姿を現わしてくることは、まさに穏やかな専制の成立を意味していました。

第二帝政はしかし「フランス革命の終焉ではなくそのひとつの形態でしかない」とトクヴィルは考えます(フランツ・リーベル宛て書簡、一八五二年八月四日付け)。革命はまだ終わることなくどこまでも継続してゆきます。また「そこでの権力は習慣として規則正しく、穏やかで控えめであるが、やがてそのよき原理に邪魔され、専制の組織に仕えられるよりはむしろ妨げられ、抵抗を生じさせ、それを抑圧する手段を見いだすこともできなくなるほかないであろう」(「シャンボール伯爵のための覚書」一八五二年一月)。ここではトクヴィルは帝政が立ちゆかなくなることへの希望をまだ完全に失ってはいませんが、それでも『デモクラシー』第二巻を終えるにあたり、自身が危惧とともに定式化していた「民主的な専制」の出現に立ち会っているのはたしかです。

フンボルトとトクヴィル

トクヴィルの考える民主的な専制、またこれに関連してプロイセンのフリードリッヒ二世の統治を見てきたついでに、私たちの著者の前と後とで発想を共有するいく人かにふれて、この章を閉じることにします。まずはプロイセンのヴィルヘルム・フォン・フンボルト。彼は一七六七年つまりフリードリッヒ二世の統治下に生まれ育っています。革命がはじまったあとのフランスを何度か訪れ、やがてフリードリッヒを継いだフリードリッヒ＝ヴィルヘルム二世のプロイセンで司法官となり、さらに外交官や高級官僚の経歴をたどる、そんな人物が一七九二年の頃と推測されますが『国家の活動の限界についての試論』を書いています。

カントやゲーテの系譜につながる教養人でもあるフンボルトが提唱するのをごく簡単に要約

すれば、その題名に示されたとおり、国家権力の作動する領域は国民の安全（対外的なものもふくめて）や公教育など、いくつかの点に限定されるべきであり、国家が全能のものであってはならないということでした。この本にはいうまでもなく、フリードリッヒ二世自身にたいする批判どころか言及はいっさいありません。著者はその出版すら断念して、その死後になってはじめて刊行され、さらにフランス語訳が出るのは一八六四年です。

博物学や地理学の業績で知られる弟のアレグザンダーとは知己であったトクヴィルが、ヴィルヘルムの『試論』まで読んでいた、あるいは少なくともその存在を知っていたのかどうかはわかりません。しかしその書簡集に親しみ、「ちょっとゲルマン的にすぎ、広くフランス人を喜ばすことはできない」文章の一部を個人的に翻訳したりもしています（シルクール夫人宛て書簡、一八五六年一〇月一〇日付け）。この「ゲルマン的にすぎる」という評価からも両者のちがいは想像できますが、それでも新しい社会に登場してくる専制の姿について、五〇年近い時間を隔てながら、フンボルトとトクヴィルの議論には共鳴しあうところが見つかります。

ラブーレイによる評価

そんなフンボルトの著作とトクヴィルのそれとをつなぐのがエドゥワール・ラブーレイでした。トクヴィルよりは六歳年少で一八四九年からはコレージュ・ド・フランスで比較法学を講じることになるラブーレイは、モンテスキューの著作集の編纂にもたずさわっています。他方で政治や社会の問題にも関心を示し、パリにいた人物があるとき突然に魔術師の手でアメリカへ空間移動させられてしまうという筋書きで、フランスとアメリカの政治を風刺する小説『アメリカのパリ』(一八六二年)を書いたりもしています。

ラブーレイは一八六三年に論文集『国家とその限界』を出します。同じ表題のついた巻頭の論文でまず、フンボルトの『試論』をフランス人の読者に紹介するとともに、一八五九年つまり四月にトクヴィルの歿するその年に出た(本を贈られた礼状を二月に書いてはいるものの、おそらく充分に読めてはいないはずです)、J・S・ミルの『自由について』の議論に言及します。さらに全能の国家が個人の自由を圧迫することへの批判の、フランスでのさきがけを『アメリカのデモクラシー』に求めています。そのあとには「古代人の自由と近代人の自由」を比較したバンジャマン・コンスタン、次いでトクヴィルの仕事を評価する長い論文がつづきます。

その内容を詳しく紹介している余裕がないのが残念ですが、ラブーレイはここで『デモクラシー』から『アンシァン・レジーム』にいたるまで、トクヴィルの関心がたえず平等のもとでの専制の出現に向かっていたことを指摘して、その思想の一貫した性格に注目しています。一八三五年に『デモクラシー』の第一巻が刊行されて以来、書評に類する文章は多数ありますが、これほどまとまったかたちでトクヴィルの著作を評価するものが出てきたのははじめてといってもよいでしょう。

第二帝政批判の継承

ラブーレイのあとには『新しいフランス』（一八六八年）のＬ＝Ａ・プレヴォ＝パラドルがつづきます。末期に近づいていた第二帝政の政治のありようを批判し、タイトルどおりフランスの新しいありかたを模索する、この本にトクヴィルの名前は見あたりませんが、そのかわりに「民主的な専制」についての言及を見ることができます。そして、たいへん興味深いエピソード──ある日トクヴィルが図書館にいると、受付に書物を返却しにきた人物がいます。返却されたのは『デモクラシー』でした。受付で尋ねてみると、プレヴォ＝パラドルという名の人物であるとのこと。こんなことを、トクヴィルは妻のメアリーに宛てた手紙のなかで書いています（一八五八年五月四日付け）。

ラブーレイもプレヴォ＝パラドルも、トクヴィルの晩年、第二帝政下で彼の書いたことの意味に注目し、それを受け継いで自身の仕事を開始した人物たちとしてその名を記憶にとどめておくべきでしょう。さらにトクヴィルの大きな主題の一つであった行政の中央集権化の問題に取り組み、『国家と個人』（一八五七年）などの著作を残したシャルル・デュポン＝ワイトの名前も付け加えておきましょう。彼らはみな、トクヴィルの設定した問題圏のなかで思考を展開し、それを第二帝政批判につなごうとしていたのでした。

アメリカへ出かけるよりも以前から考えていたという、デモクラシーに支えられた、デモクラシーそれ自体から生まれてくる専制、それを彼の眼の前で実体化してみせる他方で、トクヴィルを継承するラブーレイたちが批判をつづけたルイ＝ナポレオンの第二帝政は、一八七〇年、対プロイセン戦争での敗北により、いわば自壊します。その後フランスの歴史のなかで帝政が再び登場することはありません。しかしトクヴィルの危惧した民主的な専制については、どうだったのでしょうか。

第6章

形式の追求

― 人間の条件に向けて ―

トクヴィル家の家紋

『デモクラシー』第二巻が出た翌年に、『アメリカ連合を支配する民主政の原理とその他の諸国家への応用の可能性についての考察』という長い題の本が、『デモクラシー』と同じ書店から出版されています。著者はG＝T・プッサン。合衆国に長く滞在したことのある軍人で(本の扉には「少佐」とあります)、かの地での自身の経験にもとづいてトクヴィルの記述に論評を加えています。

父の権威低下

プッサンは『デモクラシー』第一巻の刊行直後からそうした本を構想していたようです。これを伝え聞いたトクヴィルも、それは「もっともうれしい出来事」だと語っているとおり(父エルヴェ宛て書簡、一八三五年五月七日付け)、『デモクラシー』が当時どれほどの反響を呼んでいたかがわかります。とはいえ、現にできあがった『考察』にたいするトクヴィルの反応は、さほどかんばしいものではなかったのですが。

プッサンの、どちらかというと凡庸なコメントは『デモクラシー』の記述にそってつづきますが、とりわけ私たちの興味を惹くのは、アメリカの家族をめぐる箇所です。『デモクラシー』第二巻の第三部では、平等が家族関係におよぼす影響について一章が割かれていました。トクヴィルはデモクラシーのもとでは「政府の手は群れの中の人間を一人ずつ探し当て、共通の法に一人一人従わせる」ので、アリストクラシーにおいて家族と全体社会をつないでいた家父長の権威は低下するといいます。「父親は息子より年長で裕福な一市民に過ぎない」(II 三一八)。かてて加えて、先に見てきた平等の支配の拡大にともなう均分相続制と小規模な財産所有が父親の権威をさらに揺らがせます。「習俗と法律がより民主的になるにつれて、父と息子たちとの関係はより親密で、一層打ち解けたもの」となる。同じ事情から兄弟関係もまた親密なものとなります。第四章で見てきたトッドの用語を用いると、アメリカでも平等主義核家族が絶対核家族にとってかわるというのがトクヴィルの考えなので、長子あるいは相続者とそれ以外の子どもたちとのあいだに差異がなくなるからです。

こうした家族関係の変化は、近代家族における規模の縮小化と情緒化を説くフィリップ・アリエスが『アンシァン・レジーム下の子どもと家族生活』(一九七一年。杉山光信・杉山恵美子訳『〈子供〉の誕生』みすず書房、一九八〇年)で展開した議論との関係で大切です。この本の終わり近くになって、アリエスは家族が外に開かれた社交の場ではなくなってゆくことに注目していま す。「家族意識と古い社交関係のあり方とは相容れないものであり、互いに他方を犠牲にすることでしか発展することができなかった」のではないかと問うあたりは、デモクラシーのもとでの人間が家族や少数の友人からなる狭い世界に閉じこもる傾向にあるという、トクヴィルの「個人主義」の観念を思い出させもします。

さらに重要なのは『デモクラシー』では「規律と権威は目立たなくなり、信頼と情愛の比重がしばしば高まり、社会の絆は緩むが、自然の絆は固くなる」とされているることです。プッサンがトクヴィルに反論するのはまさにこの点なのです。アメリカの家族でも子どもは父親の権威を尊重して暮らしている。しかし彼らは成年に達すると、自分の生まれた家から社会へ出て自立する。自立し社会のなかでの責任を習得するのであるから、社会の絆が緩むわけではないというのが『考察』の著者の側の意見です。

社会化の困難

家族のなかで成長するとただちに社会へ出る、つまりアメリカには「青年期」が存在しないとプッサンがいうのと同じことを、トクヴィルも述べています。この点では両者は表面上では一致します。しかし『デモクラシー』で青年期が存在しないとあるのは、子どもは親密な父子関係のなかに浸るだけではけっして「大人」になるわけではないということです。家族生活をとおしてある種の知識と技術を身につけることを、社会学では「第一次社会化」と呼びますが、それがデモクラシーの家族では不充分にしか達成できていない、とトクヴィルはいいたげです。このことは「言葉をローマ的、貴族的意味にとれば、アメリカに家族は存在しない」(Ⅱ 三-八)とされるところからも想像できます。

他方で子どもが社会に出たとき、その社会はトクヴィルによれば、基本的に個人の利益の追求に終始しており、空間的・社会的移動の激しさからしても、そこには社会的紐帯が存在していません。また穏やかな民主的な専制のもとで「被後見状態」におかれた人間は「未成年状態」にとどまります。第一次社会化についで家族の外、地域や学校、職業集団などで実現すべき「第二次社会化」も、いたるところで困難にあいます(数少ない例外のひとつがニュー・イングランドに残るタウンシップでしょうか)。

『デモクラシー』の草稿には「アメリカの父子間や兄弟間の関係がどれほどに親密なものであるのか私はよく知ってはいない」ともあります。長くアメリカで暮らしたプッサンのほうが、この国についてはたしかに多くの知識をもっていたのかもしれません。それでも彼は、大西洋をわたる以前から深い問題意識をいだき、現地でそれをさらに鋭いものにしたトクヴィルにおよびません。事実認識の以前に、まず「自然」と「社会」という言葉の理解が両者のあいだではくいちがっています。人間の主体とその自律についての一九世紀の「常識」にどっぷりと浸っているらしいプッサンには、家族における、そしてデモクラシーの社会全般における社会化の困難に眼を向けることができていません。

家族と共同体の絆の弛緩

父子関係と兄弟関係は、家族における他の二つの関係つまり夫婦関係や母子関係とくらべて、生殖や出産という生物学的な基盤をともなっていないという意味で、もともと社会的な性格が強い。そんな社会的——トクヴィル自身の言葉を用いるなら「人工的な」関係が親密なものとなり弛緩する。『デモクラシー』の家族論には夫婦関係と母子関係への言及はありませんが、おそらく父子関係や兄弟関係よりも自然の条件に近いところにあるので、いっそう強い親密性をともなう関係に近づくはずです。

家族関係は全体として穏やかで親密なものとなる――このことは平等の進展によって穏和化する習俗の一部であり、しかも家族の変化を扱う章に出てきているために、つい狭く受け止めてしまいそうです。けれども「社会の絆は緩むが、自然の絆は固くなる」とあったのが、同じ章の最後では主語を変更して「デモクラシーは社会の絆は緩めるが、自然の絆を固くする」と繰り返され、さらに「それは市民の間を隔てる一方、親族を近づける」と結ばれます。家族の親密化はやはり、先に見てきた平等な社会での個人主義の成長と対になっているのでした。

平等の進展とともに穏やかになる習俗は家族関係と同様に、もはや社会的なものではなくなり自然に戻っているのです。デモクラシーが「究極の限界」に達したオハイオ州以西では「住民」は存在しても「社会」は存在していないという、第一巻にあった記述をここで思い出すことができます。社会が存在しないのだとすれば、そこからは社会であったはずのデモクラシーが最終的に自然に転じるさまがうかがえます。これと対になっているのが、アメリカの家族における自然の紐帯の強化、社会的な紐帯の弛緩なのです。

トクヴィルによれば、ニュー・イングランドの地域共同体も「唯一自然に根ざした社会的結合〔結社〕」でした(I 一-五)。この表現も解釈が微妙です。地縁にもとづく共同体は血縁にもとづく家族とともに、通常の社会学では自然に生まれる(人間の意思によるのではない)社会集団として理解されています。そのかぎりでこの箇所はたんに読みすごしてよいのかもしれません。しかし社会であるべき結社が自然のなかに存在するというのは、それがイギリスからアメリカという自然＝荒野のうちにもち込まれ定着した、稀な「社会」であると著者が考えているようにも読めます。そうだとすれば、そんな社会が究極のデモクラシーである西部までは伝わることなく、これからも成長しそうにはないこともいっそうよくわかります。

剝きだしの人間

人間は自然状態を脱して社会状態に移ったけれども、その社会は平等が拡大するにつれて再び自然へと戻ってゆく。その社会であるべき自然には人間の記憶に裏づけられた社会的な紐帯、結合関係が存在しません。ひとはまったく「剝きだし」の状態におかれます。埃となった人間たちが家族や親しい友人とともに狭い世界に引きこもるとトクヴィルのいう個人主義は、彼らがどこか閉ざされた安心できる場所にとどまっていられるような印象をともないますが、それでも民主的な専制の手が直接におよぶのであり、けっして充分に保護されるわけではありません。

そんな状態では、各自の行動の方向を示す規範は眼に見えにくいものとなります。かってのアリストクラシーの家族において、父親は外部にたいしては家族集団の代表として存在すると同時に、内部の構成員にたいしては長く存続してきた「家」の伝統を体現してもいました。彼は「伝統の代弁者であり、慣習の解釈者、習俗の調停者」でもあったのです(II 三-八)。そんな役割もまた家族関係が変化し、父親の権威が低下するなかで姿を消してゆこうとします。記憶や伝統はもはや有効な規範として働きません。「家門の精神はどこに場所があるか」(I 二-九)。

伝統の軽視と進歩の観念

伝統の力は家族にとどまらず、平等の支配する世界のいたるところで弱まります。デモクラシーでは伝統=過去が軽視される傾向にあるというのは、トクヴィルが終始、そしていたるところで読者の注意を惹こうとしていたことです。たとえば民主的な国民の「詩の発想源」を論じる第二巻第一部第一七章では、アリストクラシーが「人間精神を自然に過去の追想へと導き、過去に縛りつける」のにたいして、デモクラシーは逆に「古いものに対するある種の嫌悪感を植えつける」とされます。

平等への愛着にとらわれた人間は物質的な安楽、現在よりもよい生活を求めるので、その注意と想像力はたえず未来へと向かいます。同じことを知性の水準におきかえると、デモクラシーのもとでは「人間の無限の完成可能性の観念」が発達することに対応してもいます(II 一-八)。トクヴィルは固有名詞をあげてはいませんが、無限の完成可能性とは、まずはルソーが『人間不平等起源論』で否定的な意味で用い、それをフランス革命期に逆転させたコンドルセが「人間精神の進歩」の方向として示したものでした。

人間の完成可能性が無限であるとはどういうことなのでしょうか。そもそも完成とはある十全な状態に達することであって、完成は完了を意味してもいるはずなのに、完成が無限である、果てしがないというのは言葉のうえでの形容矛盾をふくんではいないでしょうか。ここで「無限」と訳されているのは、パスカルが「永遠の遁走」についてふれたのと同じ断片のなかで、「無限のなかで人間とはなんなのだろうか」(『パンセ』)というときの無限 infini ではありません。コンドルセの用いる元の言葉は indéfini つまり「無限定な」という修飾語です。

無限の進歩

コンドルセは「限度がない illimité」という言葉も用いています。このあたり日本語に訳すのがむずかしいのですが、「人類が無限定に完成可能であり、また現在の知識と社会の状態の必然的な結果であるこの完成は、地球の物理的な展開による以外には停止されない」というのがコンドルセの確信するところでした。いつか遠い将来に太陽系が消滅するまで、人間はどこまでも進歩をつづけるというのです。しかもこの進歩を保証しているのは、アンシァン・レジーム期から胚胎し、フランス革命によって確実に姿を現わす平等にほかなりません(『人間精神の進歩の歴史の一覧表の素描』一七九五年)。

無限の完成可能性の観念は『アンシァン・レジーム』にも一度登場します。第二章でふれましたが、フロンドの乱のさいの龍騎兵の残虐行為とアンシァン・レジーム末期のボーマルシェの投獄とを対比させながら、「避けがたいこととして辛抱強く耐えてきた悪は、免れることができると考えたとたんに耐えがたいものとなる」ことを述べた直後です。一七八〇年にひとは限りのない進歩のことを考え、「人間の持続的で無限の完成可能性の理論」が生まれてくる(三-四)。ごく正確な年号が記されているのですが、八六年に出たコンドルセの『テュルゴの生涯』が念頭にあると推測されます。

いうまでもなくトクヴィルはそのようなものを信じてはいません。平等が無限の進歩をもたらすのではけっしてなく、そうした奇妙な観念を人間に許すものこそが平等なのです。アメリカの船はどうして長持ちしないように造ってあるのか、この国の船員に尋ねると、航海術はつねに進歩しているので、どんな船も数年経てば使いものにならなくなるからだ、という答えが返ってきます。これほどまでにデモクラシーに生きる人びとは未来のほうを見ているのです。

過去の蔑視と否認

平等がひとの心を支配するところでは過去の記憶はなんの意味もなさない。平等がひとにうながす過去の蔑視は、『アンシァン・レジーム』でも再論されます。アンシァン・レジームにおいて行政の中央集権化が進行し、民主的な専制がかたちづくられてゆくのに少なからず関係した、重農学派の人びとにとって「過去はかぎりない蔑視の対象」となっていました(三-三)。そこでは過去の慣例にとらわれることなく改革を構想することこそが望まれていたのです。

アンシァン・レジームとの切断ではなく、むしろ連続を体現したフランス革命にも同じ観念が引き継がれます。『アンシァン・レジーム』の第二巻を準備するなかで、著者がシエイエスやラボー、ペティオンなど多くの革命家の言説に見いだすのは、つねに「過去への侮蔑」または「慣習の軽視」でした。革命を進めるかぎりで、過去はどこまでも否定されなければならないのでしょう。しかし「アンシァン・レジーム」という概念が生まれ、その陰で真に存在したはずの過去の社会の姿が隠蔽されたのも、この過去の全面的な否認によるものなのでした。

復古主義なのか

彼の思考のパターンをすでによくご存じであるみなさんには、あらためていうまでもないことですが、伝統のもつ意義を強調するトクヴィルは、しかし失われた過去を嘆いたり、その過去への回帰を企てたりしようとしているのではけっしてありません。彼のうちに保守主義と呼べる傾向を認めることはできるでしょうが、それは同時代に少なからず現われた、単純な伝統主義や復古主義とはことなります。彼はそれほど素朴ではありません。平等が広まることで失われるものとその価値、そしてその回復の困難であることを凝視しているにすぎません。

先の家族を扱った章では、デモクラシーのもとでの父子関係や兄弟関係の親密化、社会関係の弛緩と自然の関係の強化が主題になっていました。トクヴィルはしかし、ふつう理解されているほどにはこの変化を肯定的に受け止めていません。また平等がもたらす家父長の権威の低下を語りはするものの、七月王政が発足したさいに、家族からの反対を受けながらも新体制への「宣誓」を行ったトクヴィル、さらにイギリス人で、しかも貴族階級出身ではない女性を妻に選んだ彼が、家族の伝統の重圧を感知していなかったはずがありません。そんな人物が平等とその社会的影響を冷静に見つめようとしているのです。

名誉と家紋

それでも過去や伝統、権威という言葉が誤解を招くようであれば、もう少し適切な別の概念をトクヴィルのテクストのうちで探すことにしましょう。貴族の家には「家紋」と呼ばれるものがあります。この章の扉のトクヴィル家のそれにも中心部に見あたりますが、家紋は楯のかたちをしているのがふつうです。「名誉とはたんなる家紋にすぎない」と、シェイクスピアが『ヘンリー四世』の登場人物であるフォルスタッフにいわせている。この台詞に言及しながら近代社会における名誉の観念の衰退を論じた論文が、ピーター・バーガー他二名による、近代人の意識を主題にした知識社会学の本のなかにあります(『故郷喪失者たち』高山真知子他訳、新曜社、一九七七年)。

バーガーたちによれば名誉とは、階層構造にもとづいた封建社会にあって意味をもつものであり、近代社会の到来とともに顧みられなくなってゆく。名誉にかわって登場するのが「尊厳」です。尊厳は個別の集団への所属とそこでの役割から離れ、普遍的な人間としての個人の行動基準を示すものです。ところで名誉が家紋にすぎないというフォルスタッフの台詞からは、以前には「楯のかたちをした紋章」＝「家紋を描いた楯」によって文字どおり保護されていた人間が、集団から離脱するとともに尊厳と権利を認められる個人となって、もはや完全な剝きだしの状態におかれることがわかります。

現象学から出発した『故郷喪失者たち』の著者たちは、どうやらトクヴィルの議論を参照しているようではありません。ここで問題になっているのはしかし、先に見てきた「部分」が消失した社会で家族や知人とのあいだの狭い集団に閉じこもり、そこでは親密な関係が存在してはいるが、実は自然のただなかにあってなにものからも護られてはいない、人間のありように眼を向けるトクヴィルの関心と重なるものです。そしてバーガーたちの主題である「名誉の衰退」は『デモクラシー』第二巻でも、かなりのページ数を費やして採りあげられていたのです。

名誉の衰退

平等が進行する世界での家族関係の変容をあつかい、さらにデモクラシーが習俗におよぼすさまざまな影響にふれたあとで「合衆国と民主社会における名誉について」という章が出てきます。それがアメリカの社会はどうして動きに充ちていながら、同時に単調であるかを論じる章と、この国では野心の数は多いが、しかし大きな野心はほとんどないことにかんする章とのあいだにおかれているというのが、先に「運動と停滞」の問題を見てきた私たちにとってはたいへん示唆的です。ここでトクヴィルはバーガーたちよりはもう少し複雑な議論を展開しています。

名誉とは『デモクラシー』の著者によれば、ひとの行動を判断し評価するための「ある特定の状態に基礎をおくこの特別の規準」であり、個別の集団とのかかわりで拘束力をもつものです。「われわれの父祖が名誉と呼んだもの」すなわち「貴族的名誉」は、広い意味で社会規範の基礎になるものの一つにほかならなかった。したがって民主政にあってもそれに相当するものが存在しないわけではない。しかし物質的な安楽の獲得を求めて成功と失敗を繰り返すアメリカ人の心のなかでは、産業活動にかかわる大胆、無謀ともいうべきものが作動しており、そこで重視される労働が古典的な意味での名誉の位置を覆す。名誉はその数を減少させ曖昧なものになると、トクヴィルはいいます。

かつては永遠不滅であると思われていた家系は不安定化し、ひとの行為を導く「慣習的な価値」の重みは低下します。仮に「名誉の法」は存続してもその「法の解釈者」がいなくなる。他方で全体社会をおおう「世論」はとらえどころなく無力である。そのため名誉の内容は不明確になり、その力の弱さを露呈する。結局のところ「名誉をつくり出したのは人間の間の相違と不平等」だったが、諸条件の平等化につれて名誉は後退し「良心が人間一人一人の心に目覚めさせる人類の普遍的欲求が共通の尺度となるであろう」(Ⅱ 三―一八)。この「人類の普遍的欲求」がバーガーたちの示す「個人の尊厳」にあたるものです。

アリストクラシーにおける家族関係を支配した権威の弱体化と、名誉の観念の衰退とを重ねあわせることからなにが見えてくるのでしょうか。紋章を描いた楯が象徴する、人間を包み込んで保護してくれるものの消失という事態です。

「形式」の追求

剝きだしの人間を包み込むとはまた、その存在になんらかの形式をもたらすことをも意味します。そう、伝統や権威にかかわる適切な概念は「形式」です。トクヴィルはいたるところで形式とその消滅にこだわりつづけていました。平等の「絶えざる運動の中で世代間の絆は弛緩あるいは断絶し、誰もが簡単に祖先の考えの跡を見失い、これを気にかけなくなる」。これにづいて「このような精神傾向はやがて形式の無視に導き、彼らはこれを自分と真理とを隔てる無益で不便な被膜とみなすようになる」とある、この「形式」です(II 一-一)。

どちらも「無視」ないし「蔑視」という言葉をともなっていることからもわかるとおり、トクヴィルにとって「形式」と「過去」とはたがいに入れ替えが可能なもののようです。「形式に服するという考えほど平等の時代に人間精神の反発をかうものはない」(II 一-五)。また「民主的な世紀の文学」では「形式は通例無視され、時には軽蔑される。文体はしばしば突飛にして破格、装飾過剰でしまりに欠けている」ともあります(II 一-一三)。ここで「文体 style」とは文章表現における「形式 forme」をいいかえたものにほかなりません。著者はさらに『デモクラシー』の終末部分にいたって、こんなふうに述べます。

民主的な世紀に生きる人々は形式の重要性をなかなか理解せず、これに対して本能的な侮蔑の念を感じる。〔……〕デモクラシーの人々が形式に対して感ずるこの不便さこそ、しかしながら、これを自由にとってこの上なく有用にするものである。〔……〕主権者がより行動的で、より強力になり、私人が一層怠惰で無力になればなるほど、形式はますます必要である。（II 四-七）

「必要」と訳されているのは、原文では「欠如」という意味をふくむ言葉 besoin なので、平等な人間には形式が欠け不在であり、そうであるからこそ形式が求められると読むこともできます。トクヴィルが注目したのは、過去や伝統のたんなる復活ではなくて、この形式というものがもちうる可能性なのでした。彼の思考を一貫して導いているのは形式の追求ということがらです。

学校のメタファー

地域の共同体は自由にとっての小学校である、また政治結社は市民が結社の技術を学びにくる大学校であると著者はブリッソとともに語っていました。さらに最近の日本でも裁判員制度が導入されましたが、そのモデルの一つとなったアメリカの陪審制はトクヴィルにとって、司法制度としてばかりではなく「政治」制度としても大きな意味をもっています。法曹精神は多数の圧政を緩和するものの一つです。ふつうの市民は裁判に参加することでこの精神を学び、さらには自身の社会的責任を知ることで個人主義から脱け出すようにもなります。陪審制も「無償でいつでも開いている学校」にたとえられます(I 二―八)。

これら一連の学校のメタファーも、彼がたえず注目する形式と関係なしには考えることができません。学校で行われること、それはいうまでもなく教育です。教育とは人間の社会化の過程の重要な部分をなしています。家族にふれた直後に女子教育を論じる章を別にすれば、『デモクラシー』には教育を直接の主題とした箇所はありませんが、平等の拡大と教育の普及、知識の増加とのあいだには大きな関係があると著者が考えていることはたしかです。

アメリカで初等教育はかなりの程度広まっている。ひとの知識は「ある平均的な水準」に達しているが、しかし高等教育はそれほどではなく、学識ある者はけっして多くない。学問に求められるのも生活に「すぐ役に立つことが分かる応用」にかぎられている(I 一―三)。「理論的抽象的な部門の研究」が関心を惹くことはほとんどない。これはおそらく合衆国のみならず、民主政が支配するどんな国にもあてはまることだろう。「民主社会の内部ほど深い思索に適さぬところはない」(II 一―一〇)。こうした記述は事実判断の当否は別にして、すでに見てきた平等の力学から容易に導きだせる、したがって、もはやさほどの驚きもなく受け容れることができきるように思えます。

しかしそれにとどまらないで、自分は「人間に読み書きを教えるだけですぐに市民ができあがると信じるには程遠い」と述懐するのが、トクヴィルらしいところです(I 二-九)。このあたりからも彼が、人間の無限の完成可能性を唱えながら、徳育ではなく知育中心とする公教育の制度を検討したコンドルセの仕事を意識して書いているのではないかと考えたくなります。「青年は読み書きができ機械的な職業が可能であることを証明できないならば、市民名簿に登録されえない」——フランス革命下で出された三つ目の憲法である「共和国第三年憲法」の第一六条にこんな文言があるのは、『デモクラシー』の著者も知っていたはずです。

社会化の場

トクヴィルは人間が市民になること、つまり社会化を達成することについて、必ずしも楽観視してはいません。知識は経験と切り離すことができない。しかしまた、日常生活に必要な知識や技術の習得それだけでは、ひとが市民という形式を取るにいたるにけっして充分ではない。そう考えるからこそ彼は、たんなるメタファーにすぎないと見えるけれども、地域の共同体や政治結社、陪審制などに論及するさいにも、それらを学校の姿をとおして呈示することで、そこに学校教育よりも確実に社会化を果たしうる可能性を見つめ、あるいは求めているのです。

宗教の役割

こうした諸制度、法や習俗と並んで、同じ社会化のための働きが宗教にも求められています。一七世紀にはじめてニュー・イングランドに定住したのはピューリタンたち。すでにカトリックの権威から脱けだし、さらにイギリスの国教会の迫害からも逃れてこの地にやってきた彼らは、平等とともに独立心に充ちた人びとでした。もっともピューリタニズムは、トクヴィルによれば「過度の清潔さ」をともなうものです(Ⅰ 一-二)。そこからは犯罪者を人類の敵と見なすような、専制にも比すべききびしい監獄制度が生まれてくるのはすでに見てきたところです。

その後アイルランドからカトリックの信者が入ってきます。カトリックも神のもとでの人間の平等という観念に立脚しているかぎりで、諸条件の平等とあい容れないわけではない。「それゆえ合衆国には、民主的共和的諸制度に敵対的な宗教的教義はただの一つもない。」デモクラシーにたいして敵対的でないどころか、宗教はこの国では平等によって無限に解き放たれた人間の想像力を抑制し、逸脱した情熱を和らげる働きをする。「法はアメリカ国民に何事をもなすことを許すが、他方、宗教の妨げがあるから、何を考えてもよく、どんなことでもできるというわけではない」(Ⅰ 二-九)。

想像力への枠

想像力の拡大を妨げるという第一巻の表現は、第二巻で「すべて宗教は知性に健全な枠をはめる」とあるのにつながります(Ⅱ 一-五)。妨げ、枠――とりわけ後者の原語はjougで牛にかける「くびき」のことです。革命期のテクストでは、絶対君主政のもとで民衆をつなぎとめていた束縛という意味でよく用いられる、否定的な言葉なのですが、ここでは「健全な」という修飾語がついているので許しておきましょう。しかもこの宗教にかんする章が、平等な人間が一般的・抽象的な観念に傾きやすいことを採りあげ、さらに無限の完成可能性の観念を論じる、そのあいだに挿入されている点にも注目できます。

ここで「健全な枠」とあるのはやはり形式のことなのです。「私は形式の必要を固く信じている」と、先にあった表現が同じ章のなかでも繰り返されます。さらに、これまたすでに見てきたことですが、第二巻第二部で個人主義について独自の考察を行い、結社や新聞などの「自由の諸制度」が個人主義とどのように闘っているかについて語り、「利益の正しい理解の説」にふれたあとも、この説と宗教とのかかわりに眼を向けています。

利益の正しい理解

利益の正しい理解とは、これまで紹介する機会がなかったのですが、とりあえずは過度ではなく公共性に配慮した適切な利益の追求としておきます。利益を過度に追求しつづけると、結局のところ本来めざしていた利益を失いかねない。そこで「個人の利益に訴えて個人の利益を克服し、情念をかきたてる刺戟を利用して情念を制御する」ことが採用されます。それは「自己自身の抑制のために現代人に残されたもっとも強力な保障」となります(II 二-八)。第二章で見てきた『情念と利益』のハーシュマンが一八世紀の言説から抽《ひ》き出した、情念の一つにほかならない利益によって情念の拡大を抑制するという発想を思い出させるところです。

利益の正しい理解の説は「高尚ではないが明晰で確実な説である」(Ⅱ 二-八)と述べるトクヴィルは、必ずしもこの考えを全面的に肯定しているようではありません。それは現世ではなく来世の幸福を説く宗教と適合し調和しうるのでしょうか。利益が信仰をもつ人間の唯一の行動の動機であるとは考えないが、利益は「宗教でさえ人々を導くのに用いる主要な手段」になっているというのが著者の答えです(Ⅱ 二-九)。「手段」というあたりに、アメリカの宗教にたいする彼の驚きと抵抗を見てもよいのですが、しかし正しく理解された利益の観念とともに、宗教がある種の秩序を社会にもたらしているという現実は、トクヴィルも認めないわけにはいかないのでした。

信仰の問題

一六歳のとき父の図書室で「もっとも暗い憂鬱」を経験して以来、おそらくは世界に懐疑心をいだきつづけたであろうトクヴィルの宗教観は、たった数ページでもって論じてしまえるほど単純ではありません。「われわれの信仰心は以前ほどには堅固でなくなり、来世についての見解も曖昧になってきている」と彼が書くとき(アルテュール・ド・ゴビノー宛て書簡、一八四三年九月五日付け)、この「われわれ」には彼自身もふくまれているかもしれません。彼は死の直前にカンヌで、カトリックの司祭を前にして告解と聖体拝領を行っています。しかしその信仰については、今も結論は研究者のあいだで定まっていません。

絶対君主政期には国王の権力との深いかかわりを保つとともに、フランス革命、とりわけその「非キリスト教化」の政策で大きな打撃をこうむったカトリック。それは一九世紀の政治の動向のなかでブルボン朝の復活を望む正統王朝派や、帝政の再来を画策するボナパルティズムなどの動きにも絡みます。そんな状況にいるトクヴィルにとって、宗教は複雑な問題をいくつもふくんでいます。「ヨーロッパでは、キリスト教は地上の権力と密接に結びつくことを自らに許してきた」(Ⅰ 二-九)。他方『デモクラシー』で注目されるのは、政治と関係をもたないでいるアメリカのキリスト教です。

そうした複雑な事情はさておくとして、トクヴィルが宗教になんらかの存在意義を感じ取っていたのはたしかです。それは社会で平等が広がるなか、自然へと回帰し埃と化し、自身を護ってくれるものもほとんどない状態で剝きだしにされている人間に、あらためて姿かたちをもたらすものなのでした。彼にとって宗教は希望に「特別な形式をもたらす」ものなのでした(Ⅰ 二-九)。

アメリカは処方箋か

権威、名誉、教育そして宗教——これらのいずれもが形式とその必要ということに還元できるのが、この本の最初から私たちの注目してきたトクヴィルの「深さの肖像」にふさわしい点です。今しがた見たとおり、一方ではアメリカにおいて利益が人間の情念を抑制する「手段」となっていることを認めるトクヴィルがいることにはいます。しかし他方で、平等がもたらす影響を克服し、あるいは少なくとも制約するための方策を示そうというのが、必ずしも彼の根本的な意図ではありませんでした。

誤解、とあえて呼んでもよいのですが、彼の著作、とりわけ『デモクラシー』は平等が進行するとともに生じてくるさまざまな問題を解決するための道を、旧大陸とくらべて良好な道を進んでいると判断される、アメリカ社会のなかに探し求めるものであったという理解がなされることが少なくありません。平等な社会にはなんらかの危険と病理がともなう。たとえば第一巻にある「多数の圧政」、第二巻の「民主的な専制」、さらに私たちも見てきた物質的欲望の肥大や焦燥感の蔓延など、そういうデモクラシーの病いに向けた、いわば処方箋をトクヴィルからは抽き出すことができるというのです。

そのような『デモクラシー』の読みかたが出てくるのも無理のないところです。「私はわれわれの役に立つ教訓をアメリカに見出そうと望んだのである。」トクヴィル自身が第一巻の序文でこう述べてはいます。安易な読者が『デモクラシー』の記述と分析に救済策を求める根拠はこのあたりにあるのでしょう。

しかし著者は同じ巻の終わり近くになって、自分がこの本を書いたのは「民主的な社会状態をもつあらゆる国民に、イギリス系アメリカ人の法律と習俗の模倣を呼びかけようと思ったからである、と判断するならば、読者は大きな誤りを犯すことになろう」とも書いています(I 二-九)。トクヴィルは第一巻を進めるうちに考えを変えたのでしょうか。

私はそのようには思いません。自身がアメリカで発見したさまざまな制度が社会的また政治的に有効な働きをするであろうこと、したがってそれが平等の支配する社会一般にとってもなんらかの示唆をもたらすことを、彼は最後まで否定しなかったことでしょう。「政治の世界は変わりつつある。これからは、新たな害悪に新たな治療薬を求めねばならない」と、第二巻の終わり近くになってもあります(II 四-七)。その治療薬として、いくつかの制度が参考になることはたしかです。

とはいえデモクラシーに内在する危険を回避し、望ましい方向に導くための手段や方策をさぐるだけがトクヴィルのめざしたところではけっしてなかったのです。彼の眼の前にあったのは社会そのものが解体する(自然に戻る)状況であり、またそのような状況におかれてしまった人間の生存条件なのでした。「私はアメリカの中にアメリカを超えるものを見た」と彼が書くとき(I 序文)、そこからはただの社会の仕組みにかかわる技術以上のなにものかへの視線を感じ取ることができます。

人間の条件への思い

トクヴィルに処方箋を求める単純な観点でしばしば引きあいに出される、地域の共同体と結社の問題に、もう一度戻っておきましょう。たしかにこれらの社会集団は、彼の見るところ、平等化の進んだ世界で良好な役割を果たしていたのでしょう。しかしデモクラシーが究極に達した西部にはタウンシップはもはや存在しません。また結社を必要とする社会は結社の形成を困難にする社会でもありました。トクヴィルが注目するのはこの社会の不在であり困難です。困難と不在に直面し、そうであるからこそひとが形式をもつことへの関心が生まれてきているのです。

個人主義や専制にたいする「自由の制度」の効力や存在意義を説きながら、そこではひとが他者とともに共同の仕事に取り組むことで、自分がそれほど孤立していたのではなく、他者の協力が必要であり、逆に他者に協力する必要を自覚することがわかるようになるのだとトクヴィルはいいます(II 二-四)。同じ章の草稿には人間の「観念の流通は文明にとって、身体にとっての血液の流通に相当する」、また「精神と心の交流との関係でなければ、考える存在にとって社会とはなんなのだろうか」ともあります。流通 circulation といい、交流 communication、関係 rapport とあるのは、いずれもひとの活きいきとした存在の形式を示唆しているように思えます。

トクヴィルが注視したのは、なによりもまずデモクラシーのもとでの人間の形式の喪失、したがって形式の回復の必要であり、社会的な効用、そのための技術や手段といった水準をはるかに超えたところでの、人間の生存条件そのものにかかわることがらでした。「私は形式の必要を固く信じる」という、この「固く信じる」という表現は「奇妙な」という修飾語とともに、彼のテクストのいたるところに散見されます。そこには平等の広まった社会を記述し分析して、なすべき解決策を見いだすという以上に、自身もふくめて人間が世界で生きるための条件にかかわる、なにか深刻で切実な思いを感知しないですますわけにはいきません。

貴族的な人格

失われたアリストクラシーの再建はしたがって、トクヴィルの求めるところではありません。『デモクラシー』第二巻の最後の最後、民主政のもとで出現しうる専制について詳しく語ったあと、著者は次のように述べます。

私はこの世界にアリストクラシーを新たに築くことはできまいと固く信じている。だが普通の市民が団体をつくって、そこに非常で豊かで影響力のある強力な存在、一言で言えば、貴族的な人格を構成することはできると思う。(II 四-七)

またしても「固く信じている」です。トクヴィルはこの市民が「一時的に形成する二次的団体」に「同業組合や貴族から奪った行政権」を託すことをもう一度提案するとともに、「主権者がより行動的で、より強力になり、私人が一層怠惰で無力になればなるほど、形式はますます必要である」と、形式の必要を繰り返し強調することになります。

アリストクラシーにおいては「二次的な団体が権力の濫用を抑制する自然の結社」を形成していました(Ⅰ 二－四)。自然の結社という言葉が、先に見たニュー・イングランドの地域共同体と同様に、ひとの意図なしに自生的に生じた社会制度ともとれ、また自然のなかに存続する、つまり剝きだし状態の人間に被いをかける社会ともとれます。いずれにせよ、それが『デモクラシー』の終わりにあたって引きあいに出され、しかもアリストクラシーそれ自体の復活ではなしに「貴族的な人格」、自律を保ちながら他者との交流もつづける人間の姿が模索されているのはたいへん深い印象を残します。そこにはトクヴィルの一貫した形式の希求、「固く信じている」ことが集約されているのでした。

終章

トクヴィルと「われわれ」

トクヴィル『アメリカのデモクラシー』第1巻の英語訳からの翻訳である『自由原論』(肥塚龍訳，1881年．京都大学附属図書館蔵)

「われわれ」とはだれか

マルセル・ゴーシェに「トクヴィル、アメリカそしてわれわれ」という、一九八〇年に書かれ、論文集『政治の条件』(二〇〇五年)に再録された版で一〇〇ページにもなる、とても長い論文があります。たんに長いだけではなくたくさんの示唆をふくんでいて、この本を書き進めるうえでもたえず参照してきた文献の一つです。ただ、この論文を読んでいていつも気になることが一つあります。

タイトルにある「われわれ」とはいったいだれのことなのだろうか。私がトクヴィルのテクストを読むことでなにごとかを考えはじめて四〇年近くになります。そんな私はゴーシェのいう「われわれ」のなかに入っているのでしょうか。こうして一九世紀の前半を生きた思想家について語ってきましたが、この本を読んでいただいている日本の読者はどうなのでしょうか。

『代表制の政治哲学』を二人の若い仲間とともに翻訳した経緯もあり(みすず書房、二〇〇〇年)、ゴーシェとはなんども会いトクヴィルやフランス革命について話をしています。もう一人、彼と同じ社会科学高等研究院のレイモン・アロン政治学研究センターにいるピエール・マナン、トクヴィルの研究にとっては画期的な著作である『トクヴィルとデモクラシーの本質』(一九八二年)の著者とも、おりにふれては会い、そこでもトクヴィルや現代政治が話題にあがります。

彼らと話をしていると、拙いフランス語でもなんとか議論ができるので、私自身も彼らのいう「われわれ」に入れてもらえるように思えます。ただしそれはあくまでもフランスにいる「われわれ」です。あるいは「人類」としての「われわれ」といってよいかもしれません。私が一万キロメートルも離れた極東の地、言語がことなり、ひょっとすると思考の形式からしても彼らとはちがう世界からやってきた人間であることは、彼らも、また実をいうと私自身もしばらくのあいだ忘れているのです。だがやがてこのことに気づいたとたんに、私は「われわれ」からはじき飛ばされてしまうようにも思えてきます。

トクヴィルの東洋

ゴーシェやマナンの以前に、トクヴィル自身の視線が日本にまで及んではいません。さほどの意味もなしに書いているだけかもしれませんが、『デモクラシー』には「われわれキリスト教徒」という表現が見あたります。文字どおりに受け取るなら、仏教や神道、イスラム教を信じる者はトクヴィルの「われわれ」には入らないことになります。また平等の進展は「普遍的な」ものとされますが、そのことを確証するために語られる「われわれの歴史」は、ヨーロッパの七〇〇年間のそれでした(I 序文)。

非ヨーロッパ世界についていうなら、この本では採りあげている余裕がありませんでしたが、彼がフランスによる植民地化の問題、結局のところ現代社会にまで及ぶ問題との関連で、アルジェリアに大きな注意を向けており、当地に出かけその報告を議会で行ったりしていることはよく知られています。民主政と専制の関係を論じたところでは、エジプトの西欧化を進めた太守(パシャ)への言及があります(Ⅱ 四-四)。スルタンの専制を支えることになった「トルコの民衆」も登場します(Ⅰ 一-五)。

トルコはまだアジアとはいえないならば、さらに東へ進んでインドは、一時期トクヴィルができることなら訪ねてみたいと考え、書物をつうじて研究しノートをつくっている国でした。平等への関心が、カーストという不平等を残す社会への関心につながっているのです。いや、インドもまたその歴史からすれば、当時のヨーロッパの人間にとってはアジアではなくヨーロッパの延長であったかもしれませんが。最後に一八世紀以来「東洋的専制」のモデルであった中国における文化の停滞が『デモクラシー』で語られます(Ⅱ 一-一〇)。しかし彼が日本についてふれることはありません。

これは『法の精神』のモンテスキューはもちろん多くの一八世紀の人間、ケニクスベルグを出ることのなかったカントでさえが日本についてなんらかの知識を示していた(『永遠平和のために』)のとくらべて、またトクヴィルの晩年はペリーの「黒船」が来航して日本に開国を迫った時期(一八五三年)と重なっている点を考えても、いささか奇異なことのように思えます。ここでその理由を考察するつもりはありません。問題なのは、少なくとも彼のテクストを読むかぎりでは、彼の考える「われわれ」にどうやら日本はふくまれてはいないのかもしれないということです。

私は、そしてみなさんも「われわれ」のなかにふくまれるのかどうか――これはもうひとつ別の問題につながってゆきそうです。「われわれ」の外側にとどまるにせよ、しばらくは内部に入れるにせよ、私たちがトクヴィルから学べるものはなんなのだろうかという問題です。学べるものがなにもなければ、少なくとも長いあいだトクヴィルを読んできた私の存在理由はどこにあるのか、またこの小さな本を日本語で書き、みなさんに読んでいただいた意味はなになのかが問われるのです。

近代日本とトクヴィル

幕末から明治期にかけて、たくさんの日本人が欧米諸国へ出かけ、そこで得た知識をもち帰り、この国の近代化に役立てようとしました。彼らのなかからは文明化のために日本語をやめて英語を使用する、いわば欧米の「われわれ」になりきるという極端な提案(森有礼《ありのり》)さえ出てきます。こんな提案はさすがに実現するはずもありませんでした。やがて他方では、欧米の文明を受け容れることで日本古来のよき伝統が失われるという批判、したがって「われわれ」になることへの拒否反応もあり、こちらは国粋保存主義運動や儒教思想にもとづく「教育勅語」(一八九〇年)という姿で現われます。

その後百数十年を経た現在、第二次大戦の直後にはアメリカの支配下で「民主主義」を学ぶとが賞揚されもしましたが、一九六〇年代からはじまる「高度成長」とともに、欧米を手本とする近代化が完成した、というよりは手本をはるかに超えてしまい、もはや欧米から学ぶものはなにもないとする認識さえ広まります。これではトクヴィルから学ぶものもないことになりそうです。私たちがゴーシェのいう、そしてトクヴィルも想定していたかもしれない「われわれ」にふくまれる必要もないことになります。

けれども、ほんとうにそうなのでしょうか。むしろ今こそ、これまで充分に顧みられることのなかったこの思想家に、日本からあらためて関心を向ける意義があるのではないか。幕末から明治の初期にかけて近代化がはじまって以来、この国の人間も実はトクヴィルが指し示す社会の状況を経験してきたのではないか。そこから一世紀半以上も経て二一世紀を生きる私たちもやはり「われわれ」なのではないのか。あるいは「われわれ」というときの、その範囲を修正しあるいは拡大してもよいのではないか。

こうしたことを確認するために、以下ではトクヴィルと「われわれ日本人」との出会い、近代史のなかで実際にあったことや、なかったけれどもありえたかもしれないことをふくめて、日本におけるトクヴィルのたんなる受容史ではなく、彼が日本を見ていたらどんな印象をもっただろうかを考えてみることでもって、この本を終わることにします。

「トウクビルは先《ま》ず余が心を得たるものなり。専制の下に国権の人民あるべし。間違なき議論なり。」こんな言葉が福澤諭吉の残した「覚書」のなかにあります(以下、引用では、旧仮名遣いは新仮名遣いに、旧漢字は新漢字に適宜なおしておきます)。

福澤諭吉と分権・結社

専制と権利をもった人民とが両立しうるというのは、これまで見てきた「民主的な専制」の観念と重なりそうでありながら、どこかずれてもいるようなのですが、それはともかく、福澤は明治の初期にトクヴィルを読み、少なからぬことを学んだ知識人として、もっともよく知られている一人です。

『アメリカのデモクラシー』は「合衆国における出版の自由について」(I 二-三)などが、すでに明治六(一八七三)年から福澤と同郷の小幡篤次郎《おばたとくじろう》の手で部分的に翻訳されていました。これに眼をとおしていた福澤が、はじめてヘンリー・リーヴによる英語訳を読んだのは、明治一一(一八七八)年、西南戦争が終息してまもない頃のことです。「四民平等」とされたのちの士族の境遇や、中央政府と薩摩との関係がトクヴィルに接する彼の念頭にはあったことでしょう。

同じ年の秋になって福澤は論文「分権論」を著しますが、そこでは「合衆国における行政の分権の政治的効果」を論じた箇所(I 一-五)の小幡訳の引用とともに、「国権」を「全国一般に及ぼしてあたかも一様平面のごとくならしむるの権力」である「政権」と、「国内各地の便宜に従い事物の順序を保護してその地方に住居する人民の幸福を謀《はか》る」ことを目的とする「治権」に区別しています。『デモクラシー』にある政治の中央集権と行政の中央集権に対応する区別です。中央政府の政権と地方の治権の区別は翌年の論文「通俗民権論」にも登場します。

「覚書」では旧薩摩藩が専制であったにはちがいないが、藩士のあいだには「仲間を結ぶ趣」があり、そこから「自由自治の風」が生まれていたとされます。「あたかも自由の精神をもって専制の君に奉じたるものなり」というのがやはりいささか奇妙ですが、それでもこの「仲間」の「自由自治」が明治政府にたいする抵抗につながったのだと考えられているようです。

さらに重要なことに福澤は、トクヴィルを読むよりも前からひととひとの結合や交流、そのための公共空間のありかたに大きな関心をもっていました。

「元来人類は相交《あいまじわ》るをもってその性《さが》とす。独歩孤立するときはその才智発生するに由なし。〔……〕世間相交り人民相触れ、その交際いよいよ広くその法いよいよ整うに従て、人情いよいよ和し智識いよいよ開くべし」と、『文明論之概略』(一八七五年)にありました。福澤によればば「人民の会議、社友の演説、道路の便利、出版の自由等」はすべてこの「人間交際《じんかん》」のためのものである。ところが封建制が長く支配したこの国では、ひとが集会し議論する習慣が必ずしも充分には発達していないということになります。

仲間、会社、社中など、いろんな言葉が用いられますが、これらはどれも社交 society の訳語で、交際が繰り広げられる公共空間のことです。福澤はそうした場として、西周《にしあまね》らとともに設立の年から名をつけた「明六社《めいろくしゃ》」なる学術集団を組織します。それは「我国の教育を進めんがために、有志の徒会同して、その手段を商議」し、また「同志集会して異見を交換し、知を広め識を明《あきらか》にする」ことを目的とする自発的結社でした（山室信一・中野目徹校注『明六雑誌』下、岩波文庫）。

明六社は雑誌も刊行しますが、その活動の中心となるのはなんといっても集会での演説と討論です。しかし仲間のうちには先ほどもふれた森有礼のように、日本語は演説に向いてはいない（したがって西洋語を使用すべきである）と主張する者もいます。これにたいして日本にも多数を相手にして話をする伝統がまったくなかったわけではないと考える福澤は、新しい社会での集会と議論の手順について「会議弁」と題するテクストを書くことにもなったと、晩年になって回想しています（「福澤全集緒言」一八九七年）。

こうして地方分権に加えて、結社とそこでのコミュニケーションの意義に注目し実践する点でも、つまり私たちの使ってきた言葉でいえば「部分」への関心をとおしても、福澤はトクヴィルに対応しています。彼は『デモクラシー』第二巻のごく最初のあたりまでしか読んではいないようですが、第一巻で政治結社が主題となっている（I 二‐四）のを見ても、強く共鳴する、つまり「余が心を得」るものがあったにちがいありません。

もっともこの国の文明化に貢献するはずの明六社は、一八七五年には言論統制を目的とする讒謗律《ざんぼうりつ》と新聞条例が出たことを機に、わずか二年足らずで公的活動の停止に追い込まれます。福澤はその後も「交詢社《こうじゅんしゃ》」など結社形成への期待をけっして放棄しません。しかし平等が支配する社会では必要であると同時に困難でもあるとトクヴィルが述べた結社は、この国の近代史のなかで定着したのでしょうか。明六社の活動の停止は「その後の日本において結社と出版・言論の自由がたどることになる長い荊《いばら》の道の始まり」(山室信一「『明六雑誌』の思想世界」、前出『明六雑誌』下)にほかならなかったのです。

もう一方の「部分」である地方分権もまた、伝統的な農村の自治組織がその支えの一つとなります。しかし一時はあれほど高揚した自由民権運動も、帝国憲法の発布、議会の開設とともに下火になり、近代的な装いをとった天皇制と不可分の中央集権化した国家の影に隠れてゆきます。内務省の官僚が各県の知事として赴任して行政の任にあたることになるのは、まさにアンシァン・レジームで開始し、フランス革命後にも受け継がれるという、トクヴィルが明らかにしたのと類似の状況が日本でも生じていることを思わせます。両者の出会い、あるいは福澤を介した日本とトクヴィルの出会いを考えることは、こうしたことがいわば陰画として見えてくる点でも大切です。

徳富蘇峰と「殖産興業」

『デモクラシー』は明治一四(一八八一)年になって第一巻が、ジャーナリストでのちに東京府知事ともなる肥塚龍《こいづかりゅう》により翻訳され『自由原論』の題でもって刊行されます。その二年後ですが、リーヴ訳を読んで感動し、本の裏表紙に「謹んでトクフウィル先生に謝す」云々と記すのが徳富蘇峰《とくとみそほう》です。かつて山室信一さんと水俣市の蘇峰記念館を訪れたとき、その本が展示してあるのを見かけました。蘇峰はどこかでトクヴィルのことを聞いて、どうしても読みたいと考え入手したという説明が傍らにありました。前の年に上京して出会ったと『蘇峰自伝』(一九三五年)にある福澤諭吉をつうじて知った可能性もあります。

それほど熱心にトクヴィルを読んだという蘇峰は、たとえば『将来之日本』(一八八六年)のなかで、『デモクラシー』第一巻の終わり近くにある、アメリカの商業についての記述を要約しています――「米人の身を挺《てい》し険を踏み商業に従事する。なお仏人の軍陣におけるがごとし」。彼が注目するのは、アメリカでは商業がさかんでありかつ成功しているという点です。商業の発達が精神の焦燥や動揺と対になっているという、これまで私たちが見てきた事情は残念ながら出てきません。

蘇峰の言及するのと同じ箇所に「労働の大規模な分業ほど人間を物質化し、その作品から魂の痕跡を奪いがちなものはない」(I 二一一〇)とあるリーヴの訳文を、福澤は「覚書」のなかで引用していますが、彼もまた「商売の稽古」を肯定しており、商業の繁栄がどのような効果(競争、物質的欲望の肥大化と挫折)をともなうかにはあまり気がついていません。これはしかし、彼らのトクヴィル理解に限界があったことを必ずしも意味しません。こうした蘇峰や福澤の記述からは、むしろ「富国強兵」と並んで「殖産興業」や「独立自営」がこの国の文明化のスローガンとなる時代の動きを読み取るべきなのでしょう。

なお『学問のすすめ』(一三編)で、人間の交際、福澤にとってたえず関心の的であった交際に「害あるもの」として「怨望」があがっている点には注目できます。しかもそれは「働の陰なるもの」であり「他人を不幸に陥れ、他人の有様を下だして、もって彼我の平均を為さんと欲する」ものでした。この怨望は英語のenvyの訳語でしょうか。このテクストが出版されたのも一八七四年つまり『デモクラシー』を読む以前であり、彼は怨望を平等ではなく封建制に結びついたものとして理解しているようです。それでも『デモクラシー』のとりわけ第二巻を注意深く読んでいたら、福澤はどんな反応を示していただろうか、私たちとしては興味深いところです。

夏目漱石の焦燥感

福澤諭吉や徳富蘇峰におくれて、陸羯南《くがかつなん》もトクヴィルを読み『近時政論考』(一八九一年)でその名に言及しながら自由主義について述べています。ところで一九世紀が二〇世紀へと移る頃になると、『デモクラシー』や『アンシァン・レジーム』を読んだわけではけっしてないけれども、そこで示された平等の支配のもとでの社会の状況、福澤たちの関心があまり向くことのなかった問題に気がつく知識人が出てきます。その重要なひとりとして夏目漱石をあげることができます。

一九一二年の暮れから連載がはじまった『行人』の終わり近くで、主人公＝語り手の兄は「二六時中何をしても、そこに安住する事が出来ない」ひとであると友人が語っています。落ちついて寝ていられないので起きあがる。起きると今度は歩きだす。ただ歩いていられないので走りだす。走りだしたら止まらない。止まらないだけではなく速度がたえず加速する……そんな姿にはトクヴィルが『デモクラシー』で描き分析した人間の焦燥、不安を重ねてみることができないでしょうか。

日本が西洋のあとを追いかけつづけた結果、こんなに苦しい条件で生きていかなくてはならない人間が出現してきている。おそらく『デモクラシー』を読んではいない漱石には、したがって平等という観念は登場しません。それでも自分は「人間全体が幾世紀かの後に到着すべき運命を〔……〕僕一代のうちに経過しなければならない」、また「人間全体の不安を、自分一人に集めて、そのまた不安を、一刻一分の短時間に煮詰めた恐ろしさを経験している」と、登場人物に語らせる作家のまなざしがどのあたりまでとどいているかは明らかです。

同じ小説のなかで兄は弟にたいして「今の日本の社会――ことによったら西洋もそうかも知れないけれども――みんな上滑りのお上手ものだけが存在し得るように出来上がっている」といいます。この「上滑り」は漱石が前の年に和歌山で行った講演「現代日本の開化」を思わせます。そこでは西洋の開化が「内発的」であった(おのずと、また漸進的に文明化した)のにたいして、日本の開化が外部から強制され、急激で曲折した「外発的」なものであったとする比較がなされていました。

この内発と外発の区別は有名ですが、むしろここで注意しておきたいのは、開化そのものが「一種妙なパラドックス」をふくんでいる、それは競争につながりさらには生活の困難を生みだす(「生活の程度が高くなったたという意味で、生存の苦痛が比較的柔らげられたというわけではない」)と漱石が考えている点です。それは上滑りが存在するのは日本ばかりではなく「ことによったら西洋もそうかも知れない」と、『行人』の兄が断っているあたりにもつながります。外発的という「特別の事情」が加わる日本の状況は複雑ですが、「神経衰弱に罹って、気息奄々《えんえん》として今や路傍に呻吟しつつある」のは西洋も同じであると、著者が見なしていてもなんらおかしくはないようです。

ロンドンの群衆　漱石はどのようにしてこんな認識をもつにいたったのでしょうか。『永日小品』(一九〇九年)に次のようなことが書いてあるのが、私たちにとっては印象的です。

道を行くものは皆追い越して行く。女でさえ後れてはいない。腰の後部《うしろ》でスカートを軽く撮《つま》んで、踵《かかと》の高い靴が曲るかと思うくらい烈しく舗石を鳴らして急いで行く。よく見ると、どの顔もどの顔も切歯詰っている。男は正面を見たなり、女は傍目《わきめ》も触らず、ひたすらにわが志す方へと一直線に走るだけである。その時の口は堅く結んでいる。眉は深く鎖《とざ》している。鼻は険しく聳えている。顔は奥行ばかり延びている。そうして、足は一文字に用のある方へ運んで行く。

これは一九〇〇年一〇月、夏目金之助がロンドンに到着した翌日の経験です。この日はボーア戦争から帰還した兵士を出迎えるために、ヴィクトリア駅の周辺には大群集が生まれていました。その「人の海」、当日の日記にある言葉を使えば「非常ノ雑沓」に彼は巻き込まれたのです。政府から「留学」を命ぜられ極東の地からやってきた英語教師はここで、トクヴィルやエンゲルスが半世紀以上前に目撃した都市のひとの群れに出会っているのです。

幕末から明治の初期にかけて西洋へ赴いた人びとのほとんどは、日本の近代化に役立てるため、かの地でできるかぎり多くの知識を吸収するのをその使命と考えていました。ところが明治も半ばをすぎると、ことはさほど単純ではなくなり、祖国のために学ぶだけではなく、その西洋の開化がどのような地点にまで達しているのかに気づく者も出てくることが、ここからはわかります。「自分はのその歩きながら、何となくこの都にいづらい感じがした」(『永日小品』)。漱石にとってロンドンの群集と『行人』の登場人物の焦燥感とは、どこかでつながるものであったにちがいありません。

鷗外、そして荷風

一六年先にドイツに滞在した森林太郎には、近代医学を日本にもち帰る使命感がまだ残っていたことでしょう。高級官僚の立場では書けないことがあったという事情も見のがせません。しかし鷗外もまた、西洋を手本とするこの国の近代化になんの問題も見いだしていなかったわけではありません。それは彼が晩年にいたって、「わたくしの外人を崇敬する念の薄き」ことを認めながら、近代化の以前から「無躾《ぶしつけ》であったのではない」日本人のあいだで「このごとき礼は皆滅びつくして、これに代わるものは成立しておらぬ」と書いて(「礼儀小言」一九一八年)、まさにトクヴィルが終始追求した「形式」に眼を向けているところからもわかります。

漱石よりは三年遅れて出国し、アメリカ、ついでフランスで暮らした永井壮吉、のちの荷風の場合も事情はかなり複雑です。彼は必ずしも使命感に燃えて外国へ行ったわけではありません。他方で帰国して彼我の社会のあいだのずれや、日本の文明化＝近代化による伝統文化の喪失、江戸の都市風景の変貌などを身をもって知ることになります。そこから『日和下駄《ひよりげた》』をはじめとする、すぐれた文学作品が次つぎと生まれてきます。けっして荷風の限界としてではなく、しかしいささか残念なこととして付け加えておくなら、『あめりか物語』から平等な社会状態を、また『ふらんす物語』からはボードレールにつながる憂鬱はともかく、群集の存在を認めることはできません。

こんなふうに、その眼の向いているところ、また眼の向けようはさまざまですが、明治の末年から大正初期にかけて、復古主義ではなしに、この国の近代化に疑問を投げかける人びとが現われました。彼らは福澤や蘇峰が『デモクラシー』の読書経験をこの国に活かそうと試みて果たせなかったり、あるいは商業との関連では平等の行きつく先が充分に見えていなかったりしたのとはちょうど逆に、トクヴィルの哲学に直接にはふれないままに、しかし彼がフランスとアメリカとで見とおしたのと同じ事態を、日本社会のうちにも発見していたのです。

福澤諭吉と丸山眞男

明治一〇年の前後に書かれた「覚書」が発見されて、『福澤諭吉選集』(岩波書店)の第一巻に収録されるのが一九五一年。「メイヤー版」と呼ばれ、六〇年後の今もなお完結していないトクヴィルの全集の刊行が、ハロルド・ラスキの序論の付いた第一巻『アメリカのデモクラシー』でもってはじまるのとちょうど同じ年でした。『選集』第四巻の「解題」でギゾーやスペンサーと並べてトクヴィルが福澤に与えた影響を論じる丸山眞男は、やがて「近頃はもっぱらトクヴィル一辺倒」と述懐するまでになります(「断想」一九五六年)。

丸山はトクヴィルについてまとまったことを書いてはいません。しかし直接に言及しないところでさえ、彼がトクヴィルから得たことがけっして小さくなかったことが、私たちには充分に推測できます。たとえば一九五九年の論文「開国」で福澤の「会議弁」に言及しつつ、明治の初年のこの国ではすでに自発的結社の試みがいくつも存在したことにふれ、さらに明六社とその活動停止の意味を論じるあたりには、背景として『デモクラシー』の著者の姿が浮かびあがってきます。

トクヴィルを念頭においた自発的結社への関心は、明治期の政治思想史ばかりではなく、現代社会の政治が問題になるさいにも登場します。人間が「原子化」した二〇世紀の社会にあって「民間の自主的な組織(voluntary organization)が活発に活動すること」の意義を丸山が強調するとき、そこではラスキをはじめとする英米の政治学者の補助線を引いたうえでしょうが、トクヴィルの議論もまた参照されているにちがいありません(『政治の世界』一九五二年)。こうしてついにトクヴィルは日本の社会科学の世界に参入したのでした。

個人析出のパターン

『デモクラシー』で展開された議論を受け継ぎ、さらに精緻なものとした丸山の重要な仕事のひとつが、最初一九六五年に英語で発表された「個人析出のさまざまなパターン」です。ここにもトクヴィルの名前は出てきませんが、丸山は「個人が政治的権威の中心にたいしていだく距離の意識」が遠心的か求心的であるかを横軸に、個々人が「自発的にすすめる結社形成の度合い」を縦軸にして、日本社会の近代化の過程を政治(社会)学の問題として分析しています。

両軸を交差させると四つの次元がつくれます。遠心的で結社形成的な個人のタイプは「自立」、これとは逆に求心的で非結社形成的なタイプは「原子化」、結社形成的である点で自立化した個人に親和的であると同時に、求心的である点で対立するのが「民主化」、そして民主化の対極にあり、原子化と同様に他者との結合を指向しませんが、しかし関心の範囲が限定されているために大衆運動へとは向かわず、むしろ「社会的実践からの隠遁」という性質をおびるのが「私化」と命名されます(傍点は原文)。

自立した個人の例としては、資本主義形成期のイギリスのブルジョワジーや植民地時代のアメリカのピューリタンがあがっています。また自立化した個人とくらべて「政治参加の基礎」が拡大する民主化タイプがアメリカでは伝統的に優勢であったと見なせます。トクヴィルがアメリカ、とりわけニュー・イングランドの社会で発見したのは、その自立化と民主化のどちらにも共通する結社形成型の人間であったといえるでしょう。

丸山の議論では同じ頃さかんになり日本へも輸入されはじめていた、いわゆる大衆社会論が参照されています(この当時トクヴィルは「大衆社会の予言者」とされていました!)。その代表のひとりである『孤独な群衆』(一九五〇年。加藤秀俊訳、みすず書房、一九六四年)のD・リースマンが「内部指向型」と呼ぶパーソナリティーが自立した個人に対応されている他方で、二〇世紀の大衆社会で優勢になる「他人指向型」、自立的ではなくなった人間の典型となるタイプが、丸山では原子化した個人にあてはめられます。これは『デモクラシー』第二巻で平等の進展とともに登場するとされた個人主義にほかなりません。

四つのパターンに依拠して近代日本における個人析出の過程を考える丸山によれば、先ほどの漱石の言葉を用いるなら「外発的」な文明化＝近代化が進行するとともに、とりわけ日清・日露戦争での勝利ののち、この国に現われたのは私化した個人なのでした。さらに関東大震災の直後には原子化した個人が現われるのだとも丸山はいいます。精緻な論文をたいへん大雑把に整理すると、私化をとおしてであれ原子化をとおしてであれ、日本の近代には結社形成型の個人は充分に成長しなかったことになります。

つまり丸山によれば、日本ではトクヴィルが平等の支配する社会についてその消失を指摘する「部分」が消失するどころか最初から存在できなかった。あるいは開国以前には存在したかもしれず、また福澤をはじめとするいく人かが、その近代的なありようを模索したけれども、結局のところ実現することはなかった。また平等な(ということは原子化した)個人のうえには強力な中央集権国家の支配が見られた。福澤にたいする関心からはじまった丸山のトクヴィルとの対話から導きだせるのは、このような近代日本のありさまなのでした。

日本と欧州の「社交」

最後に気になることが一つだけ残っています。というのも「開国」論文で明六社の失敗などが語られたあとには、日本の「社交界は退屈である」ので、この国に暮らすヨーロッパ人が社交に郷愁をいだくことになればただちに故国に帰るべきであるとする『日本事物誌』(一八九〇年)のB・チェンバレンの言葉が、この国での中間集団の不充分な発達状態を示すために引かれているのです。引用する丸山ではなく、むしろチェンバレン自身にたいしてですが、これまでトクヴィルを読んできた私たちは二重の異論を向けなくてはなりません。

まず、日本社会にはすぐれた社交の伝統が存在しなかったと彼が考えているのだとすれば、それはまちがっています。福澤も認めていたように、近代以前の日本にもなんらかの「交際」=社交はあったのです。とりわけ一六世紀の末に千利休の手で完成する茶の湯は、一八世紀のヨーロッパのサロンにも匹敵する社交の空間をつくり出し、それは江戸時代をつうじて継承されるとともに、それ以外の文化のありようにも影響をおよぼしてきました。日本の社交を退屈なものと見なすチェンバレンには、そうしたものが見えていなかったのでしょうか。

他方でチェンバレンによれば、その本国には退屈でない社交が存在していることになります。だけどもほんとうにそうでしょうか。いや、彼の出身であるアングロ・サクソンの世界には、たしかに自立した個人からなる市民社会があり、そこでは社交が展開されていたのかもしれない。しかしマンシュの海のこちら側、トクヴィルの国に眼を移すならば、一七・一八世紀に花開いたサロンは、フランス革命によって、もっと正確にいえば革命をもたらしたのと同じ力によって姿を消してしまうことになりました。革命がはじまったあとの社会では、「市民」となったはずの人間がさまざまな種類の集会を試みましたが、それはことごとく失敗したのでした。社交を求める者にはただちに故国に帰ることを勧めるチェンバレンのなかでは、彼自身の属する「われわれ」と明治期の日本人が区別されています。ただしその「われわれ」はトクヴィルが発見した人間とも明らかにことなるのです。もしもトクヴィルが明治の日本へやってきていたなら、まさに近代的な中間集団が未発達にとどまる状態を見て、福澤が「覚書」で述べるのとは少しちがう意味で、それでもやはり「余が心を得」ていたことでしょう。チェンバレンの指示するようにただちに帰国することはなく、この国の姿をつぶさに観察していたにちがいありません。

今、トクヴィルを読むこと

ここから突然に百数十年を跳びます。二〇世紀末にはじまった経済の「グローバル化」と社会の「ネットワーク化」からは、これまでになかった世界が現われると喧伝されています。福澤諭吉や夏目漱石が目撃した、社会の「部分」と自立した個人との、どちらもが未発達という状況は、しかし今もまだ解消されないままにつづいているのではないでしょうか。いや、楽観的な未来の姿が示されるなかで、私たちはますます困難な道のりをたどっているといえるかもしれません。

チェンバレンが自信をもって語り、トクヴィルであれば疑いをいだきながらもわずかに可能性を見ていたアングロ・サクソンの世界も、自立した個人からなる市民社会のモデルではもはやなくなったようです。それこそ「アメリカを超えるもの」となったアメリカが「帝国」支配を拡大している世界に、私たちは参入しようとしているにすぎません。私たちはケータイを手にするかコンピュータの端末につながることで、瞬時に、広い範囲で交流が可能であるのはたしかですが、それでも結局のところ「埃」として、孤独な剝きだし状態で世界に散在したままです。そこからどんな人間の結合関係が生じてくるのか、さだかではありません。

資本主義の新たな展開は、私たちの生活をいっそう活力あるものに変えようとしているかに見えます。しかし追求されるのが「正しく理解された利益」であるとはとてもいえず、それは各地で露骨な競争関係を惹き起こし、したがってトクヴィルやスタンダールの時代、また漱石が見た社会にもまして、さらに大きな焦燥や羨望、挫折などの苦しみを生みだしつづけるようです。激しく運動する私たちは同時にどこまでも停滞することでしょう。

外発的な近代化のなかで、また天皇制にもとづく集権化した国家のもとで、自立した個人となれなかった近代の日本人は、トクヴィルの「われわれ」にふくまれてしかるべき存在なのでした。そして彼らの子孫である私たちも、ますます「われわれ」に近づこうとしているのです。そう、おかしないいかたをしますが、私たちも「われわれ」である資格を充分にもっているのです。あるいはその「われわれ」の生きる現在を、一九世紀の前半にすでに発見していたのが、ほかならぬトクヴィルなのでした。

読書案内

トクヴィルの著作には次のような翻訳が出ています。

『アメリカのデモクラシー』第一巻(上・下)、第二巻(上・下)、松本礼二訳、岩波文庫、二〇〇五・二〇〇八年。

『旧体制と大革命』小山勉訳、ちくま学芸文庫、一九九八年。

『フランス二月革命の日々――トクヴィル回想録』喜安朗訳、岩波文庫、一九八八年。

原語では次の二タイトルが入手可能、かつほぼすべての重要なテクストを読むことができます。

Œuvres, 3 volumes, Paris Gallimard, «Pléiade», 1991-2003.

Lettres choisies, Souvenirs, Paris, Gallimard, «Quarto», 2005.

また英語ではザンツとカハンの編になる次の書物が参考になります。

Olivier Zunz and Alan Kahan (ed), *The Tocqueville Reader: A Life in Letters and Politics*, Oxford, Blackwell, 2003.

トクヴィルにかんする日本語の著作で、現在も入手が可能なものをあげておきます。


レイモン・アロン『社会学的思考の流れ』北川他訳、法政大学出版局、一九七四年。

フランソワ・フュレ『フランス革命を考える』大津真作訳、岩波書店、一九八九年。

フランソワ・フュレ「トクヴィル」富永茂樹訳、フュレ／オズーフ編『フランス革命事典7　歴史家』河野健二他監訳、みすず書房、二〇〇〇年。

アンドレ・ジャルダン『トクヴィル伝』大津真作訳、晶文社、一九九四年。

河合秀和『トックヴィルを読む』岩波書店、二〇〇一年。

松本礼二『トクヴィル研究』東京大学出版会、一九九一年。

松本礼二・三浦信孝・宇野重規編『トクヴィルとデモクラシーの現在』東京大学出版会、二〇〇九年。

ラリー・シーデントップ『トクヴィル』野田裕久訳、晃洋書房、二〇〇七年。

宇野重規『デモクラシーを生きる――トクヴィルにおける政治の再発見』創文社、一九九八年。

宇野重規『トクヴィル　平等と不平等の理論家』講談社、二〇〇七年。


英・仏語の出版物については、二一世紀になって出たなかで主要なものにとどめます。

Agnès Antoine, *L'impensé de la démocratie: Tocqueville, la citoyenneté et la religion*, Paris, Fayard, 2003.
Hugh Brogan, *Alexis de Tocqueville: A Life*, New Haven, Yale U.P., 2006.

Laurence Guellec (éd.), *Tocqueville et l'esprit de la démocratie*, Paris, Presse de la Fondation Nationale des Sciences Politiques, 2005.

Lucien Jaume, *Tocqueville*, Paris, Fayard, 2008.

Pierre Manent, *Tocqueville et la nature de la démocratie*, Paris, Gallimard, 2006.

Harvey C. Mansfield, *Tocqueville: A Very Short Introduction*, Oxford, Oxford U. P., 2010.

Cheryle B. Welch (ed.), *The Cambridge Compagnon to Tocqueville*, Cambridge, Cambridge U. P., 2006.

Sheldon S. Wolin, *Tocqueville between Two Worlds*, Princeton, Princeton U.P., 2001.

あとがき

トクヴィルという名前にはじめて出会ったのは一九七三年、大学院の修士課程に入ってまもない頃です。今も烏丸通りの紫明をあがったところにある至成堂書店の書棚で、『トクヴィルにおける個人主義の概念』という、そんなに分厚くもない本がたまたま眼に付きました。著者はジャン゠クロード・ランベルティ。一九七〇年出版。トクヴィルについてはなにも知識はなく、個人主義という言葉に惹かれて読んでみたのですが、そこには集団から自立した個人の尊重といった、それまで考えていた個人主義とはまったくちがうものがありました。

同じ七〇年にはピエール・ビルンボーム先生の『トクヴィルの社会学』が出ているのも知りました。これらの本に導かれて『デモクラシー』や『アンシァン・レジーム』のテクストを読みつぎました。一九五〇年代から『フランス革命史研究』でトクヴィルに注目しておられた前川貞次郎先生が当時の文学部にはおいでになり、西洋史の研究室にはメイヤー版だけではなくボーモン版のトクヴィル全集までありました。さらにご自宅にうかがうと、個人で所蔵しておられた研究書を何冊も気前よく貸していただけ、おかげで「トクヴィルにおけるアソシアシオンの概念」という、ランベルティに倣ったタイトルの修士論文を書くことができました。

　そのあと事典の項目や社会学の教科書のなかの短い章などを、執筆の依頼をされるたびに応じたことはありますが、トクヴィルについてまとまったことを書いたのは、この本がはじめてです。八〇年代からはとりわけ勤務先での共同研究の都合が大きかったのですが、勉強の中心は一九世紀から一八世紀へ、さらにフランス革命へと移りました。それでもトクヴィルへの関心を失ったわけではけっしてありません。むしろどんな主題を扱うときにも、たえずこの思想家とともになにごとかを考えてきました。

　二〇〇五年になって東京の日仏会館で開かれた、トクヴィルの生誕二〇〇周年を記念するシンポジウムに参加させてもらう機会がありました。リュシアン・ジョームやフランソワーズ・メロニオたちと再会し、ジェイムズ・シュライファーをはじめ、本をとおしてのみ知っていたアメリカの研究者とも出会って、たくさんの知的な刺激を受けました。なによりも、当時はフランソワーズ・サバンが日仏会館の館長に就任しており、二〇年来の友人の前でトクヴィルとブリッソについて話をできたのはうれしかった。

　このときに気がついたのはしかし、あと四年もすると没後一五〇年となる、つまりトクヴィルは五四歳で亡くなったのであり、私はもう早すでにその年を超えてしまっているということでした。深さを湛えたトクヴィルとぼんやりとした自分とを比較するのもおかしいが、それでもなにかしらの感慨がありました。このあたりでそろそろ私もなにか書かなくてはいけないのではないだろうか。

翌年から文学研究科の授業でトクヴィルを採りあげることにしました。数年の予定で各年の話を文章化してゆけばそのうち一冊の本ができるかもしれない。これくらいのペースが私には向いているのだろう。授業では、けっして数多くはなかったけれど、はじめて知ったのかもしれないトクヴィルに関心をもち、二年、三年とつづけて出席してくれる学生・院生も出てきました。

この年の春にはパリのグルベンキアン・ポルトガル文化センターの討論集会に招かれ、リスボン(とりわけフェルナンド・ペソア)の憂鬱について語るデジャニーラ・クートーとともに、フランソワ・ラショーが明治(とりわけ鏑木清方と永井荷風)の憂鬱について、私がトクヴィルとシャトーブリアンそして夏目漱石の憂鬱について話をする機会もありました。夏になって以前からお世話になっていた岩波書店の高村幸治さんに手紙を出して、新書の編集長である小田野耕明さんを紹介していただいたところ、パリでの講演の翻訳を雑誌『みすず』第五四一号に載せてもらった文章が小田野さんの眼にとまったばかりでした。なんというううれしい偶然!

このあと数年で予定している講義のあらましを説明して、文章化が完成すれば新書に入れてもらえることになりました。しかし学内では人権委員会、学外では京都芸術センターでの仕事がちょうど忙しくなりかけていた時期で、最初のうちは予定どおり、授業年度が終了するごとに、翌年の夏休みに、出席者からの質問や意見をふまえながら文章にするのがせいいっぱいの状態でした。けれども、これでは遅々たる進みぐあいです。小田野さんは気長に待ってくれていたのか、それとも本の完成をあきらめかけておられたのか。

それがどういうわけか、昨年の秋になり前年度のぶんを文章にしたあと、まだ終了してもいないこの年の、そして翌年と翌よく年(つまり今年度と来年度)に予定していた授業まで、さらに年を越えて春になり終章の部分まで書けてしまいました。こんな、自分でもまだ信じられないことができたのも、右に述べたすべての人たちをはじめとして、本文で名前や業績に言及した人や言及できなかった人をふくめ、多数のかたがたとの直接・間接の対話のおかげです。あらためてみなさんに感謝。

明治期の日本の思想状況を扱った終章は、まったくなんの知識もなしに書いているので、研究所の同僚、長年にわたり「苦難」をともにするなかで、私にはとても及ばない学識に敬意を払ってきた山室信一さんに眼をとおしていただきました。山室さんからのたくさんの親切な指摘を、どれだけ本文に活かせているか自信はありませんが、この場を借りてお礼申しあげます。

『デモクラシー』と『回想録』からの引用は、それぞれ岩波文庫の松本礼二訳および喜安朗訳に依拠しましたが、前後の文脈との関係で訳語を変更させてもらった箇所もあります。とりわけ松本さんはご自身の考えがあって「境遇の平等」とされているのを承知しながらも、私にはどうも抵抗が残ったので「諸条件の平等」でとおさせてもらいました。ごめんなさい。またトクヴィルのプレノンは、宇野重規さんの著作やジャルダンの伝記の大津真作訳では「アレクシ」となっており、こちらが正確なのかもしれませんが、これも私の長いあいだの「慣れ」で「アレクシス」と記すことにしました。

最後になりましたが、修士論文を浄書してもらって以来なにかと私の仕事を支えてくれた妻の恵子、今回の原稿と校正刷りに眼をとおしてくれた長女の玲と次女の優、トクヴィルとのそのときどきの付きあいに立ち会ってもらえた家族の三人にこの本を呈したいと思います。

富永茂樹

二〇一〇年七月二九日、トクヴィルの二〇五回目の誕生日に

略年譜

年	トクヴィルの動向	関連事件・著作
1739		フリードリッヒ2世『アンチ・マキアヴェリ』
1748		モンテスキュー『法の精神』
1755		ルソー『人間不平等起源論』. リスボン地震(11月)
1774		テュルゴ財務総監に就任
1776		アメリカ13州の独立
1788		シエイエス『第三身分とはなにか』(11月)
1789		全国三部会の開催(5月3日). バスティーユ監獄の襲撃(7月14日).「人間と市民の権利の宣言」(8月26日)
1793	3月, エルヴェ・ド・トクヴィルとルイーズ・ル・ペルティエ・ド・ロザンボー結婚. 12月, エルヴェとルイーズ, マルゼルブ一族とともに, 反革命容疑で投獄(94年10月に釈放)	公安委員会の独裁の成立(12月)
1795		コンドルセ『人間精神の進歩の歴史の一覧表の素描』. カント『永遠平和のために』
1799		ナポレオン・ボナパルトの「ブリュメール18日」のクーデタ(11月9日)
1802		シャトーブリアン『キリスト教の精髄』
1804		ナポレオン皇帝となる

		(第一帝政のはじまり)
1805	7月29日，アレクシス・ド・トクヴィル誕生	
1815		ナポレオン退位，シャルル18世即位(7月，復古王政のはじまり)
1820	4月，メス(父のモゼール県知事としての赴任地)へ移る	
1821	7月，父の図書室で「もっとも暗い憂鬱」の経験	
1824	9月，パリ大学(法学部)に入学	
1826	6月，パリ大学を卒業．12月，次兄エドゥワールとイタリア・シチリア旅行	
1827	4月，ヴェルサイユ裁判所の判事修習生となる	
1828		ギゾー『ヨーロッパ文明史』
1830	8月，七月王政への忠誠を宣誓	七月革命，オルレアン公ルイ＝フィリップ即位(七月王政のはじまり)．スタンダール『赤と黒』
1831	1月，「監獄制度にかんする覚書」．4月，ボーモンとともにアメリカへ向けてル・アーヴルを出港．5月，ニューヨークに到着．7月，オネイダ湖への旅	レドレル『1789年の革命の精神』
1832	2月，ニューヨークを出港し帰路につく．5月，ヴェルサイユ裁判所陪席判事を辞職	
1833	ボーモンとともに『合衆国における監獄制度とそのフランスへの適用について』を出版(アカデミー・フランセーズのモンティオン賞を受賞)．8-9月，第1回イギリス旅行(ロンドン)	
1835	1月，『アメリカのデモクラシー』第1巻を出版．4-8月，第2回イギリス旅行(ロンドン，マンチェスタ	

	ー，ダブリン他)．10月，メアリー・モトレーと結婚．「貧困問題についての覚書」	
1836	1月，母ルイーズ死亡．4月，「1789年以前と以後のフランスの社会と政治の状態」．7月8日，メアリーとともにスイス旅行	
1837	11月，下院議員の選挙に立候補するが落選	
1838	1月，道徳・政治科学アカデミー会員となる	ヴィレルメ『労働者の身体的・精神的状態の一覧表』．エスキロル『医学，衛生学および法医学との関連で考察した精神病について』
1839	3月，ヴァローニュ選出の下院議員となる	
1840	4月，『アメリカのデモクラシー』第2巻出版	ポー「群集の人」(12月)
1841	5-6月，ボーモン，長兄イポリットとともにアルジェリアを旅行．12月，アカデミー・フランセーズ会員に選ばれる	
1843		バルザック『幻滅』
1845		エンゲルス『英国における労働階級の状態』
1846	10-12月，メアリーとともにアルジェリアを旅行	
1847		ミシュレ『フランス革命史』
1848	1月，革命の到来を予言する議会演説	二月革命(2月24日)．シャトーブリアン死亡(7月)
1849	5月，ドイツ旅行．6-10月，オディロン・バロー内閣で外務大臣となる	
1850	3月，最初の喀血．7月，『回想録』の執筆をはじめる．11月より療養のためイタリアに滞在	
1851	12月，クーデタにより身柄を拘束さ	フンボルト『国家の活

	れ，その後政治の世界から身を引く	動の限界についての試論』．ルイ＝ナポレオン・ボナパルトのクーデタ(12月2日)
1852		ルイ＝ナポレオン皇帝となる(2月2日，第二帝政の成立)
1853	6月，『アンシァン・レジームとフランス革命』執筆のため，トゥール近郊に滞在	セーヌ県知事オスマンによるパリの都市改造の開始
1854	6-9月，メアリーとともにドイツ旅行	
1856	6月，父エルヴェ死亡．『アンシァン・レジームとフランス革命』出版	
1857	6-7月，第3回イギリス旅行	
1858	11月，療養のためカンヌへ向かう	
1859	4月16日，カンヌにて死亡．5月，トクヴィルに埋葬	ミル『自由について』
1863		ラブーレイ『国家とその限界』
1868		明治維新．プレヴォ＝パラドル『新しいフランス』
1870		普仏戦争の敗北にともないナポレオン3世退位，第三共和政の成立(9月4日)
1875		福澤諭吉『文明論之概略』
1881		肥塚龍訳『自由原論』
1886		徳富蘇峰『将来之日本』
1893	『回想録』出版	
1897		デュルケーム『自殺論』
1911		夏目漱石「現代日本の開化」

富永茂樹

1950年滋賀県生まれ
京都大学大学院文学研究科博士課程修了
現在—京都大学人文科学研究所教授，京都芸術センター館長
専攻—知識社会学
著書—『健康論序説』(エッソ・スタンダード石油／河出書房新社)
『都市の憂鬱—感情の社会学のために』(新曜社)
『ミュージアムと出会う』(淡交社)
『理性の使用—ひとはいかにして市民となるのか』(みすず書房)
『転回点を求めて—1960年代の研究』(編著，世界思想社) ほか
訳書—『フランス革命事典』(F・フュレ／M・オズーフ編，共訳，みすず書房)
『代表制の政治哲学』(M・ゴーシェ著，共訳，みすず書房) ほか

トクヴィル 現代へのまなざし　　岩波新書(新赤版)1268

2010年9月17日　第1刷発行

著　者　富永茂樹《とみながしげき》

発行者　山口昭男

発行所　株式会社 岩波書店
〒101-8002 東京都千代田区一ツ橋2-5-5
案内 03-5210-4000　販売部 03-5210-4111
http://www.iwanami.co.jp/

新書編集部 03-5210-4054
http://www.iwanamishinsho.com/

印刷・精興社　カバー・半七印刷　製本・中永製本

ISBN 978-4-00-431268-0　　Printed in Japan

岩波新書新赤版一〇〇〇点に際して

ひとつの時代が終わったと言われて久しい。だが、その先にいかなる時代を展望するのか、私たちはその輪郭すら描きえていない。二〇世紀から持ち越した課題の多くは、未だ解決の緒を見つけることのできないままであり、二一世紀が新たに招きよせた問題も少なくない。グローバル資本主義の浸透、憎悪の連鎖、暴力の応酬——世界は混沌として深い不安の只中にある。

現代社会においては変化が常態となり、速さと新しさに絶対的な価値が与えられた。消費社会の深化と情報技術の革命は、種々の境界を無くし、人々の生活やコミュニケーションの様式を根底から変容させてきた。ライフスタイルは多様化し、一面では個人の生き方をそれぞれが選びとる時代が始まっている。同時に、新たな格差が生まれ、様々な次元での亀裂や分断が深まっている。社会や歴史に対する意識が揺らぎ、普遍的な理念に対する根本的な懐疑や、現実を変えることへの無力感がひそかに根を張りつつある。そして生きることに誰もが困難を覚える時代が到来している。

しかし、日常生活のそれぞれの場で、自由と民主主義を獲得し実践することを通じて、私たち自身がそうした閉塞を乗り超え、希望の時代の幕開けを告げてゆくことは不可能ではあるまい。そのために、いま求められていること——それは、個と個の間で開かれた対話を積み重ねながら、人間らしく生きることの条件について一人ひとりが粘り強く思考することではないか。その営みの糧となるものが、教養に外ならないと私たちは考える。歴史とは何か、よく生きるとはいかなることか、世界そして人間はどこへ向かうべきなのか——こうした根源的な問いとの格闘が、文化と知の厚みを作り出し、個人と社会を支える基盤としての教養となった。まさにそのような教養への道案内こそ、岩波新書が創刊以来、追求してきたことである。

岩波新書は、日中戦争下の一九三八年一一月に赤版として創刊された。創刊の辞は、道義の精神に則らない日本の行動を憂慮し、批判的精神と良心的行動の欠如を戒めつつ、現代人の現代的教養を刊行の目的とする、と謳っている。以後、青版、黄版、新赤版と装いを改めながら、合計二五〇〇点余りを世に問うてきた。そして、いままた新赤版が一〇〇〇点を迎えたのを機に、人間の理性と良心への信頼を再確認し、それに裏打ちされた文化を培っていく決意を込めて、新しい装丁のもとに再出発したいと思う。一冊一冊から吹き出す新風が一人でも多くの読者の許に届くこと、そして希望ある時代への想像力を豊かにかき立てることを切に願う。

（二〇〇六年四月）